La révolution antillaise

Groupe Eyrolles
61, bd Saint-Germain
75240 Paris cedex 05

www.editions-eyrolles.com

François Durpaire, Michel Giraud,
Guy Numa, Pascal Perri,
Stéphanie Melyon-Reinette, Serge Romana

Sous la direction de Luc Laventure

La révolution antillaise

Quelle place pour l'Outre-mer dans la République ?

EYROLLES

Sommaire

Introduction

La révolution antillaise méritait bien un livre. Un livre est un objet qui dure, qui fixe dans le temps le film de l'actualité, mais aussi tout ce que l'actualité ne dit pas.

Au début de l'année 2009, le public français découvre avec étonnement et curiosité l'envers de la carte postale antillaise. La Martinique, la Guadeloupe, la Guyane, où le mouvement a commencé en décembre 2008, et la Réunion, dans l'océan Indien, sont des sociétés où s'expriment des revendications complexes contre la vie chère, contre la *pwofitasyon* et les monopoles et où se construisent des identités mal connues, issues de notre histoire commune et d'histoires particulières. Pour comprendre ce qui est en jeu dans ces territoires de la République, nous avons mobilisé toutes les disciplines : l'histoire, la géographie, l'économie, la sociologie qui permettent de décrypter et de trouver un sens à ce qui s'est passé devant les caméras de télévision pendant plus de deux mois. C'est bien peu de dire que les événements sociaux et politiques aux Antilles et à la Réunion ont passionné l'opinion. Des millions de Français du continent qui connaissent d'autres Français de la dite « périphérie » se sont interrogés sur ces citoyens du bout du monde, sur cette France des extrêmes géographiques. Ils ont voulu en savoir plus sur les non-dits et dépasser les représentations simplistes des plages de sable blanc et des doudous créoles en tablier coloré. Nous sommes membres de la même communauté nationale, mais nous n'avons pas grandi à l'ombre des mêmes arbres.

Cette révolution a également bousculé en profondeur la société antillaise elle-même. Responsables politiques, partenaires sociaux, mouvances associatives, églises, opinion publique sont à la recherche de nouveaux repères. C'est un véritable tremblement de terre. Cette révolution peut-elle être une chance de mieux se connaître et de se comprendre en fraternité humaine ? Dans ses déclarations, notamment sur France Ô, le chef de l'État, M. Nicolas Sarkozy, a lui aussi admis que la République ne traitait pas tous ses enfants de la même façon. C'est une des premières fois qu'un président français le reconnaissait et appelait à construire une relation nouvelle. Il est vrai que d'autres présidents de la Vᵉ République, notamment le général de Gaulle, dans son discours de Brazzaville, Valéry Giscard d'Estaing, François Mitterrand et même Jacques Chirac en Nouvelle-Calédonie, ont évoqué la possibilité de nouveaux types de relations. Mais aucun n'était allé aussi loin dans la concrétisation de cette idée.

Les textes que nous présentons ont pour objectif de servir une meilleure compréhension des sociétés de l'outre-mer et des Français qui y vivent. Ces textes s'adressent à toute la communauté nationale. Quelques mots clés peuvent servir de balises pour éclairer la route.

D'abord le mot « Histoire ». François Durpaire, professeur agrégé, biographe du président Obama et membre du Comité pour la mémoire et l'histoire de l'esclavage, et Stéphanie Melyon-Reinette, civilisationniste, proposent un voyage dans le temps qui explique comment les sociétés d'outre-mer se sont construites et comment leur histoire éclaire les conflits du présent.

Guy Numa, enseignant-chercheur à Paris Dauphine, donne du sens au mot « économie ». Les collectifs contre la vie chère ont placé les économies des départements d'outre-mer sous une loupe. Que n'a-t-on entendu à ce sujet : économie de plantation, économie de rente, économie coloniale. Avec le sérieux d'un universitaire, Guy Numa sait mettre des mots et des chiffres sur la réalité économique des territoires concernés. Quel est le rôle de l'État, comment les monopoles, oligopoles et groupes dominants ont-ils placé les Antilles, la Guyane et la Réunion en coupe réglée ? La colère des manifestants s'est cristallisée sur le panier de la ménagère. Dès lors, quelles solutions mobiliser pour sortir de la tutelle par le haut et construire dans la durée des sociétés économiques plus justes et plus durables ? Pascal Perri, professeur d'économie à l'école de commerce Advancia-Negocia, suggère des pistes de reconstruction : un dispositif antitrust pour libérer le secteur de la distribution et l'import-export dans des sociétés qui importent la presque totalité de leur consommation, l'extension des zones franches, la recherche de la souveraineté alimentaire et une politique énergétique autonome misant sur les ressources solaires, enfin le développement d'un tourisme de contenu, à forte valeur ajoutée, s'adossant à un vaste programme de formation de la jeunesse.

Mais, pour comprendre la crise antillaise, il faut aussi rentrer dans l'intimité des âmes. Serge Romana a cherché l'immatériel en interrogeant les notions de mémoire et d'histoire. Selon lui, *« la République doit accepter de reconsidérer sa politique mémorielle. Elle doit renoncer à* l'autoglorification *et au mythe d'une mémoire partagée »*. C'est dans le secret des têtes, que se trouve ensevelie une partie du conflit.

Avec Michel Giraud, directeur de recherche au CNRS, nous nous interrogeons sur la fabrication des identités, sur le rôle et la pensée des élites dans la crise. M. Giraud rappelle la sympathie d'un Raphaël Confiant pour la Martinique qui travaille contre celle qui consomme et cherche à expliquer la distance prise par une partie des élites vis-à-vis du mouvement.

Enfin, ma contribution s'efforce d'éclairer la continuité du mouvement né aux Antilles sur le territoire de la France hexagonale et la mobilisation des Antillais résidant sur place, en résonance puis en concordance avec le mouvement populaire des départements d'outre-mer. Elle montre comment ces Français nés aux Antilles ou originaires de ces territoires sont désormais légitimés par leur participation, fût-elle immatérielle ou lointaine, aux événements de début 2009.

La Révolution antillaise doit beaucoup aux « experts » réunis sur les plateaux de France Ô et de RFO qui, aux côtés des journalistes de la chaîne, ont rendu compte et décrypté ce conflit auprès de tous les publics.

Pour beaucoup d'observateurs avisés, les quarante-cinq jours de la Martinique et de la Guadeloupe ont durablement et profondément changé la représentation que les ultramarins ont d'eux-mêmes et de leurs territoires. Plus rien ne sera comme avant, proclament ceux qui connaissent les Antilles. Il reste maintenant à construire une nouvelle place aux départements d'outre-mer dans la République. L'ambition de ce livre est de mobiliser quelques idées nouvelles pour y parvenir.

Luc Laventure

Les ferments historiques d'une révolution

Stéphanie Melyon-Reinette
Docteur en civilisation américaine, consultante

François Durpaire
Docteur et agrégé d'histoire,
membre du Comité pour la mémoire et l'histoire,
directeur de publication de pluricitoyen.com

Des discours anticolonialistes, empreints de références raciales, ont cours encore aujourd'hui, alors que le XXIe siècle est déjà bien entamé. Ils dénoncent une République française qui favorise et privilégie le sectarisme, les inégalités sociales, perpétue un féodalisme hérité de la période esclavagiste. Ils mettent en lumière les dysfonctionnements et les accords passés entre un État – qui se dit partisan de la liberté, de l'égalité et de la fraternité – et des chefs d'entreprise, descendants des derniers colons des îles à sucre des Petites Antilles. Ils trahissent un ras-le-bol face à des abus qui subsistent depuis des siècles, abus d'une classe coloniale dominante sur un colonisé dominé.

Si certains ont dénoncé les propos d'Élie Domota, affirmant qu'il ne laisserait pas « *une bande de békés rétablir l'esclavage*[1] », d'autres ont rappelé qu'Aimé Césaire, en 1950, n'était pas moins sévère, lui qui vitupérait : « *Moi aussi, je parle d'abus, mais pour dire qu'aux anciens – très réels – on en a superposé d'autres – très détestables. On me parle de tyrans locaux mis à la raison ; mais je constate qu'en général ils font très bon ménage avec les nouveaux et que, de ceux-ci aux anciens et vice versa, il s'est établi, au détriment des peuples, un circuit de bons services et de complicité[2].* »

D'autres dénoncent un autre type de violence verbale, qui use d'une psychologie collective relevant du préjugé : « *Quand leurs concitoyens du lointain ont besoin d'aide, les contribuables de l'Hexagone ferment rarement leur porte-monnaie. Aux Français des tropiques qui veulent travailler à l'antillaise et consommer à la métropolitaine, rappelons qu'il faut labourer la terre arable pour qu'elle lève d'autres moissons que celle du songe et que, hors de la France, les Antilles seraient au mieux une usine à touristes américains, au pire un paradis fiscal rongé par la mafia, ou un Haïti bis ravagé par des "tontons macoutes" moins débonnaires qu'Yves Jégo[3].* »

---

1. Propos tenus à Télé-Guadeloupe le 6 mars 2009.
2. Aimé Césaire, *Discours sur le colonialisme*, Paris, Présence africaine, 1989 (réédition), p. 20.
3. Christophe Barbier, blog de L'Express.fr, 18 février 2009.

Le 5 décembre 2001, le préfet Carenco, lors d'un conflit touchant l'ANPE de Guadeloupe, traitait les agents grévistes de « fainéants ». Ces propos d'un préfet blanc à l'encontre de salariés guadeloupéens, descendants d'esclaves, avaient déjà été ressentis comme une marque de mépris raciste.

Dans les rues de Pointe-à-Pitre, les voix ont commencé à s'élever entonnant des chants que l'on pourrait qualifier de « révolutionnaires » et de « nationalistes ». À travers ces chants, les syndicalistes crient leur acrimonie : une amertume liée à l'illusion qui est donnée depuis des décennies aux populations antillaises d'une égalité – qu'ils diraient fantasmatique – avec la « métropole ». L'incongruïté de cette égalité est mise en exergue par les prix excessifs, qui sont appliqués dans ces îles, fixés en toute impunité par les chefs d'entreprise et par ceux qui régulent le marché, de l'acheminement à la grande distribution. L'ire collective qui a provoqué la mobilisation de milliers d'Antillais, dans les îles mais aussi dans l'Hexagone, au sein de la diaspora, a fini par gronder jusqu'au palais de l'Élysée. Enfin, le président Sarkozy a entendu l'appel des ultramarins. Ce n'est pas un appel au secours, mais un appel à la rébellion contre un gouvernement que d'aucuns pensent « répressif » et guidé par une politique paternaliste et colonialiste.

Dans le contexte de crise qui ébranle les places financières et les économies mondiales, des crises plus localisées éclatent un peu partout. Celle qui a bouleversé les Antilles ces dernières semaines n'est pas purement économique. Sous des requêtes apparemment sociales et salariales couvaient des revendications relevant de problématiques beaucoup plus profondes, et fortement en relation avec le colonialisme. Une véritable reconquête identitaire semble être à l'œuvre en Guadeloupe, et ce, plus que dans les autres départements concernés – même si en Martinique se faisaient également entendre des slogans que l'on pourrait qualifier de « nationalistes ». La nature des manifestations est, elle aussi, révélatrice de l'assentiment des populations, et de leur volonté de se réapproprier un territoire. Une certaine ambivalence caractérise les relations entre les ultramarins et l'Hexagone : entre antillanité et francité, que choisir ? Ne faut-il pas réinventer la relation, en réaffirmant avec la même vigueur l'exigence d'égalité en citoyenneté et la reconnaissance d'une identité, d'une histoire et d'une culture qui interdisent de penser ces pays comme un simple prolongement lointain de ladite « métropole ».

En investissant les rues, en érigeant des barrages, les manifestants montrent leur mainmise sur un territoire qu'ils jugent leur appartenir de plein droit. Ils redéfinissent les frontières entre l'État et le peuple en prenant le contrôle de la rue, verrouillant à leur tour l'espace social. Cette crise, qui a débuté comme une simple grève, s'est transformée en un mouvement révolutionnaire, emportant la population *via* les discours, les forums sur le Net, des sites communautaires antillais ou de Facebook, les conférences, les manifestations de rue.

Élie Domota, porte-parole du collectif LKP (*Lyannj Kont Pwofitasyon/* Rassemblement contre l'exploitation abusive), a développé un réquisitoire fondé sur le désir de mettre en œuvre un projet garantissant une société plus équitable pour les Guadeloupéens. Alors que beaucoup y voient, sous cape, un projet libertaire avec pour finalité l'indépendance. Ce mouvement de grève qui a secoué les Antilles pendant près de deux mois n'est pas la résultante d'une éruption spontanée, mais d'une longue « fermentation ». La fermentation qui, en biologie, renvoie à la pourriture de la matière organique traduit parfaitement l'idée d'un phénomène qui s'est gangrené au cours des siècles.

Dans cet article, nous nous attacherons à définir quels ont été les ferments de cette crise, en mettant en perspective les périodes qui lui donnent du sens. Comme l'affirme Patricia Braflan-Trobo, la mémoire collective est un ressort essentiel de l'action syndicale revendicative. Il y a, dans les conflits contemporains, une *« valorisation des anciens pour la conquête des droits actuels [...] Cette lutte semble dès lors relever plus du combat pour l'honneur que pour un simple avantage sectoriel*[1] ».

---

1. Patricia Braflan-Trobo, *Conflits sociaux en Guadeloupe, Histoire, identité et culture dans les grèves en Guadeloupe*, Paris, L'Harmattan, 2007, p. 112.

◼ LA RÉSISTANCE À L'ESCLAVAGE, POINT D'APPUI SYMBOLIQUE AUX LUTTES SYNDICALES ACTUELLES

Notons tout d'abord que les révoltes aux Antilles s'inscrivent dans un cycle ponctué de deux types d'événements : les phases de rébellion alternent avec des phases de retour au calme, avec des solutions apportées par le gouvernement français, qu'il ait été provisoire ou pas, et quelle que soit la République sous laquelle les conflits se produisaient.

En second lieu, il est à noter que les troubles qui se sont produits aux Antilles ont pris effet alors que l'environnement géopolitique de ces îles, la Caraïbe, était propice à l'insurrection. Depuis l'indépendance que les nègres d'Haïti avaient arrachée aux colonisateurs, le prestige de la puissance coloniale française était largement entamé. Les gouverneurs, les colons et la France elle-même étaient précautionneux de ne laisser sous aucun prétexte les esclaves rêver à des chimères de liberté, ou de permettre les mutineries et les insurrections des nègres libres ou en marronnage[1] contaminer toutes les plantations. Toutefois, comme l'avait dit Toussaint Louverture, on pouvait couper la tête de la révolution des nègres, mais pas ses racines. Des émissaires d'Haïti cherchaient à

---

1. Les nègres en marronnage sont les esclaves qui réussissaient à fuir les plantations et se retranchaient dans les montagnes ou dans la forêt. Ils se constituèrent en sociétés organisées et fomentaient des rébellions contre le régime colonialiste.

semer les graines de la discorde sur les plantations. Les libres de couleur[1], notamment, nourrissaient des ambitions de liberté et contribuaient à fomenter des séditions dans les îles de la Martinique, de la Guadeloupe et de la Guyane. En Martinique : la révolte du Carbet en 1822, la polémique autour de Cyrille Bissette, libre de couleur, entre 1823 et 1827, ou la révolte de Grand-Anse en 1833. Quant à la Guadeloupe, elle connut de nombreux soulèvements en 1830 et 1831.

Dès la fin du XVIIIe siècle, des révoltes avaient éclaté en écho à la révolution qui grondait en Haïti entre 1791 et 1793. En 1794, les insurrections en Guadeloupe sont imputables à des émissaires haïtiens venus prêter main-forte aux nègres séditieux de l'île. Après le rétablissement de l'esclavage en 1802 – la Guadeloupe aura connu deux abolitions –, les nègres s'organisent en marronnage ou en groupuscules armés – des libres de couleur notamment – et se soulèvent contre le système esclavagiste. Ces révoltes s'expliquent par le rétablissement de l'esclavage, qui avait démenti l'article 1er des Droits de l'homme, que les hommes naissaient – mais aussi demeuraient – « *libres et égaux en droits* ». Et c'est là que l'on trouve un autre élément constitutif de ce cycle : face à la colère des habitants des plantations,

---

1. Les esclaves affranchis ou descendants de pères maîtres de plantation et de mères esclaves (au début ceux-ci étaient affranchis directement par rapport au statut du père. Par la suite ils suivront le statut de la mère. Mère esclave, enfant esclave ; même mulâtre).

les institutions françaises répondent toujours par la répression ou par des mesures dictées par des appréciations conjoncturelles ou à courte vue. Après l'esclavage, selon Nelly Schmidt, « *l'organisation du travail et la revendication des droits sociaux des travailleurs figuraient parmi les préoccupations principales du gouvernement provisoire de 1848 qui s'était engagé à "garantir le travail à tous les citoyens"*[1] ». Garantir le travail, c'est assurer la pérennité de ces greniers de France, de ces plantations cannières. Nelly Schmidt ajoute : « *Les mots de l'émancipation furent pourtant* ordre, travail, famille, oubli du passé, réconciliation sociale *et* reconnaissance *à l'égard de la* République émancipatrice. *Les proclamations des gouverneurs, des commissaires généraux de la République, les instructions qu'ils reçurent regorgeaient d'un vocabulaire tout aussi coercitif, autoritaire que paternaliste*[2]. »

Ainsi, abolir l'esclavage conduisait à maintenir un système paternaliste et mercantiliste, de dominant à dominé, dont certains affirment qu'il a cours encore aujourd'hui. L'un des socles de l'émancipation est la préoccupation du rétablissement de l'ordre *dans* et *par* la République Française. À chaque tentative de remise en cause de la logique post-esclavagiste, le « retour au calme » reste l'un des mots d'ordre de la République. Face à ce champ lexical, les syndica-

---

1. Nelly SCHMIDT, *La France a-t-elle aboli l'esclavage ? Guadeloupe, Martinique, Guyane (1830-1935)*, Paris, Perrin, 2009, p. 143.
2. *Ibidem*, p. 138-139.

listes antillais réactivent, quant à eux, l'esprit *neg mawon*[1] (nègre en marronnage). Patricia Braflan-Trobo a observé avec justesse dans les tracts et slogans syndicaux la référence à l'héroïsme des ancêtres en lutte pour leur libération.

■ L'ANCRAGE DES LUTTES SOCIALES DANS LE MOUVEMENT ANTI-COLONIALISTE

C'est au lendemain de la guerre, en 1946, que la loi sur la départementalisation des colonies françaises est votée. Aimé Césaire, qui est le rapporteur de cette loi, y voit une réparation pour des siècles d'esclavage dans les colonies. L'accès à ce statut de département devait permettre l'égalité de tous les citoyens français dans le cadre de la République. Au-delà du simple principe, les Antillais espèrent alors une amélioration du quotidien, suivant l'octroi des mêmes lois sociales ayant cours en « métropole ». La départementalisation n'a pas porté les fruits escomptés, comme le précise Georges-Aristide Louisor : « *La loi du 19 mars 1946, transformant les deux Antilles, la Guyane et la Réunion en départements d'outre-mer, ne fit pas pour autant évoluer la situation précaire des îles. Si sous la Ve République, les lois, les règlements et les institutions des DOM*

______

1. Esclave ayant réussi à sortir de la plantation pour échapper à l'esclavage.

vont se rapprocher de ceux de la métropole, cette assimilation n'entraînera pas le développement économique tant attendu[1]. »

En 1950, quatre années après le vote de cette loi, Césaire publie *Discours sur le colonialisme*, qui est la plus vive critique de la logique colonialiste. Alors député, il avait dénoncé la répression des manifestations de Fort-de-France, revendiquant que soit appliquée la loi relative à la sécurité sociale dans les départements d'outre-mer : « *Nous vous avons demandé l'assimilation des Droits de l'homme et du citoyen. Celle que vous nous offrez, c'est celle de la matraque et des gardes mobiles. Ce ne sont pas les meilleurs ambassadeurs de la France*[2]. »

Déjà, le combat de Césaire pour l'égalité des droits lui vaut d'être taxé d'ingrat et d'« insulteur de la patrie ». Et, comme aujourd'hui, la demande de reconnaissance à la France pose l'asymétrie en citoyenneté entre « métropolitain » et « Antillais » : « *Que seriez-vous sans la France ?* » lui lance le député Marcel Poimbœuf. Et la réponse de Césaire de fuser : « *Un homme à qui on n'aurait pas essayé de prendre sa liberté*[3]. »

---

1. Georges-Aristide Louisor, *L'Europe tropicale*, Paris, L'Harmattan, 1994, p. 40.
2. Propos tenus à l'Assemblée nationale le 4 mai 1948, cité par Ernest Moutoussamy, *Aimé Césaire, député à l'Assemblée nationale 1945-1993*, Paris, L'Harmattan, 1993, p. 37.
3. Le dialogue, consigné dans les Annales de l'Assemblée nationale (15 mars 1950) est rapporté par Roger Toumson, *Aimé Césaire – Le nègre inconsolé*, La Roque-d'Anthéron, Vents d'ailleurs, 2002, p. 134.

Pendant cette période de décolonisation, la planète entière est en ébullition. La répression du soulèvement à Sétif, en Algérie, date du 8 mai 1945. C'est dans le contexte de soulèvement des peuples du Sud contre la domination ancestrale de l'Europe que les insurrections se multiplient en Guadeloupe. En janvier 1952, des ouvriers agricoles se mettent en grève. Le mois suivant, ils mettent en déroute les gardes de la Compagnie républicaine de sécurité (CRS), qui ripostent le 14 février 1952. Ces derniers arrêtent Abouna, un jeune homme habitant la commune du Moule, puis se retrouvent face aux barricades établies par la population sur le boulevard Rougé. Lors de l'affrontement qui s'ensuit, quatre personnes sont abattues par les forces de l'ordre.

Les années 1960 ne sont pas moins revendicatives. Les Antillais installés en France hexagonale – étudiants pour la plupart – commencent à s'organiser. Albert Béville, Édouard Glissant, Cosnay Marie-Joseph et Marcel Manville lancent le Front des Antilles-Guyane pour l'autonomie (Faga), les 22 et 23 avril 1961.

Mais ce sont les émeutes de 1967, durement réprimées, qui sont les plus prégnantes dans l'inconscient collectif. Tout commence par l'agression dont est victime un ouvrier guadeloupéen handicapé, molesté par un Français d'origine polonaise le 20 mars 1967. La population s'insurge et s'ensuivent des émeutes entre le 20 et le 23 mars. Le

26 mai, une grève des ouvriers est organisée pour une revalorisation des salaires. Les CRS ont ordre de faire feu sur la population dans les rues de Pointe-à-Pitre. Le lendemain, des lycéens défilent dans les rues afin de marquer leur solidarité avec les ouvriers. Jean-Pierre Sainton et Raymond Gama analysent Mai 1967 à la fois comme une *« révolte de la classe ouvrière contre une misère et une exploitation devenues insupportables »* et une *« rébellion contre les attributs et les symboles du pouvoir blanc*[1] *»*.

C'est en 1974 que la Martinique connaît son événement le plus marquant. Suite à un mouvement de grève, des ouvriers martiniquais sont fortement réprimés le 14 février 1974. C'est à l'habitation Fond Brûlé, au Lorrain, que des ouvriers agricoles tombent dans une embuscade tendue par les forces armées. Une dizaine de camions militaires sont mobilisés, les ouvriers sont attaqués par jets de grenades lacrymogènes jetées par hélicoptère, on déplore alors de nombreux blessés par balles (Guy Crétinoir, Omer Cyrille, Rasroc et François Rosaz) et un mort, Edmond Ilmany, âgé de 55 ans, abattu par les gendarmes à Chalvet. Deux jours plus tôt, la Martinique avait déjà déploré la mort d'un jeune gréviste, Georges Marie-Louise, qui avait été tué par des forces de répression.

Depuis les années 1960, les mouvements révolutionnaires s'intensifient. De nombreux Antillais s'insurgent contre « l'impérialisme français », au

---

1. Jean-Pierre Sainton et Raymond Gama, *Mé 67*, Société guadeloupéenne d'édition et de diffusion (Soged), 1985.

moment où les îles de la Caraïbe anglophone obtiennent leur indépendance : la Jamaïque en 1962, Guyana en 1966, Antigua-et-Barbuda en 1967, Grenade en 1974, La Dominique en 1978, Sainte-Lucie en 1979. Les organisations de libération nationale se multiplient. L'Organisation de la jeunesse anticolonialiste martiniquaise est créée en 1963. Son pendant guadeloupéen est fondé un an plus tard. Le 23 juin 1963, le Groupe pour l'organisation nationale de la Guadeloupe, créé à Paris, revendique un État souverain. Le 10 octobre 1974, c'est la création du Moguyde (Mouvement guyanais de décolonisation). En décembre 1978, c'est la fondation de l'UPLG (Union populaire pour la libération de la Guadeloupe). Toutes ces organisations mènent des opérations pour discréditer l'État français. Leurs opérations tiennent en des séquestrations, en des prises d'otages, en des attentats contre les symboles de la République (mairies, bâtiments d'Air France, etc.). Les premières arrestations importantes, les procès des révolutionnaires emprisonnés et le démantèlement des organisations révolutionnaires commencent vraiment dans les années 1980. En 1989, Luc Reinette, Bernard Amédien, Henri Pératout et Humbert Marbœuf affirment, dans une « Déclaration d'intention envers le peuple guadeloupéen », qu'ils veulent *« s'impliquer résolument dans la lutte politique : une lutte ouverte et dynamique qui privilégiera, dans le respect de nos différences, la coopération avec les autres formations autour d'un programme politique, économique et social capable de rassembler notre peuple sur le chemin de son émancipation [...] Nous voulons œuvrer durablement aux côtés de tous les démocrates et patriotes de la Guadeloupe pour faire en sorte qu'avant la fin du siècle et de ce millénaire, notre pays émerge enfin à la souveraineté tant désirée ».*

La dernière grande organisation est créée en Guadeloupe en 1997 par Luc Reinette : le KLNG (Konvwa pou Liberasyon Nasyonal Gwadloup/Convoi pour la libération nationale de la Guadeloupe). Cette organisation a pour ambition de préparer la Guadeloupe à sa partition d'avec l'État français et l'Europe dans son entier. L'esprit révolutionnaire n'est donc jamais mort en Guadeloupe. Il n'est pas né – mais a resurgi – lors de la récente crise.

■ MUSIQUE ET CONSCIENCE IDENTITAIRE

La musique antillaise est un élément important dans l'émergence d'une conscience politique au sein des peuples guadeloupéen et martiniquais. La musique est un média de masse qui a depuis l'esclavage permis de transmettre des messages à la population. Aux Antilles, comme aux États-Unis, les tambours et les chants permettaient aux esclaves de communiquer d'une plantation à l'autre, de donner des indications sur des plans d'évasion. Le konpa[1] en

---

1. Musique traditionnelle haïtienne née dans les années 1950 et très appréciée dans la Caraïbe.

Haïti a permis aux musiciens de se moquer de la dictature. Par la parabole, l'hyperbole ou encore la métaphore, le message politique avance masqué. Les arts contribuent à forger les mythes fondateurs de la nation. Des émeutes qui avaient été tues depuis des années sont pour la première fois exhumées par des chansons qui honorent la mémoire des martyrs. En 2004, le Martiniquais Kolo Barst sort l'album *Lot Bo So*, sur lequel figure une chanson hommage à « Févriyé 74 ». Cette dernière fait retour sur les événements : grève, action répressive des gendarmes, victimes à déplorer du côté des insurgés :

FÉVRIER 74

Manman, Manman kouté

Maman, maman écoute

Kouté sa ki pasé

Écoute ce qui s'est passé

Sé té an févriyé, févriyé 1974

C'était en février, février 1974

Sé té an févriyé 1974

C'était en février 1974

Adan chan zannana/tou pré komin' baspwent,

Dans un champ d'ananas, tout près de la commune de Basse-Pointe

Asou bitasyon Chalvet, ké béké ni pou tayo (x2)

Sur l'habitation Chalvet, appartenant aux békés *(x2)*

Ouvriyé agwikol té ka manifesté

Des ouvriers agricoles manifestaient

Pou béké ogmanté la jouné bannan' la (x2)

Pour que les békés augmentent la paye quotidienne pour la banane (x2)

Maléré byen owganizé té ka rèvandiké

Les malheureux bien organisés revendiquaient

Déjà twa jou yo ka lité, negosyasyon bloké (x2)

Déjà trois jours de lutte, les négociations sont rompues (x2)

Nèg di sa pé pé diré, fo yo ni sa yo lé

Les nègres se disent que ça ne peut pas durer, il faut qu'ils aient gain de cause

Genyen sa yo mérité jusk alité san rété (x2)

Obtenir ce qu'ils méritent quitte à lutter sans discontinuer (x2)

Lespri té ka chofé mouvman ka bat douvan

Les esprits s'échauffent, le mouvement s'amplifie

Pèp' té ni dwa kriyé lanvi ba ich yo manjé (x2)

Le peuple avait le droit de crier son envie de nourrir ses enfants (x2)

Vérité pété tèt' kolon ki préféré resté séré

La vérité a éclaté à la tête des colons qui préférèrent rester cachés

Olé yo négosyé yo kriyé polysyé (x2)

Au lieu de négocier ils ont appelé la police (x2)

Polysyé ki fèt épi nèg kalkilé avan alé

Les policiers qui sont martiniquais y ont pensé à deux fois

Alow pou ramplasé yo voyé mitrayèt (x2)

Alors à leur place ils ont envoyé des mitraillettes (x2)

Mitrayèt kip a ni kè aksepté misyon a

Des mitraillettes qui n'ont pas de cœur ont accepté cette mission

Pi nèg té ka vansé, pi bal réyèl ka tiré (x2)

Plus les nègres avançaient, plus les balles réelles fusaient (x2)

Ouvwiyé pran kouri sere, bal réyèl kontinyé tiré

Les ouvriers se sont enfuis en courant, les balles continuaient de pleuvoir

Dé kanmarad tonbé, Ilmany épi marilwouiz (x2)

Deux camarades sont tombés, Ilmany et Marie-Louise (x2)

Ilmany tonbé Chalvet, Marilwouiz tonbé apré

Ilmany est tombé à Chalvet, Marie-Louise est tombé après

Sété an févriyé, févriyé 74 (x2)

C'était en février, février 74 (x2)

En Guadeloupe, le slameur Ti Malo sort l'album *Pawol Funk-ké* quelques jours avant le déclenchement du conflit. Un morceau – « Blow Man » – retrace l'histoire d'un ouvrier gréviste dont le seul but est d'améliorer le quotidien de sa famille. Blessé par balles, il se demande si réclamer une meilleure vie serait à ce point condamnable.

BLOW MAN

An pa endépandantis', an pa nasyonalis pou otan	Je ne suis pas indépendantiste, ni nationaliste pour autant
Mwen sé on semp' ouvwiyé batiman	Je suis un simple ouvrier du bâtiment
Ka monté pawpen si pawpen	Qui monte parpaing sur parpaing
Mé pitit' mwen ka mò fen	Mais mon enfant meurt de faim
An ka konstwi tout' kalté vila	Je construis toute sorte de villas

Mé fanmi an mwen an lari la	Mais ma famille n'a pas de toit
An vini la trankilman mandé ti bwen plis lajan	Je suis venu tranquillement demander un peu plus d'argent
Yenki dé pouwsan, dé pouwsan sèlman	Rien que deux pour cent, deux pour cent seulement
Pou mwen té plen an bol	Pour que je remplisse un bol
Pou mwen voyé gason an mwen lékòl	Pour envoyer mon enfant à l'école
Lè'w gadé mwen .. Blow ! Boum ! Ba! Ba!	Mais soudain … Blow ! Boum ! Ba! Ba!
Fizi si mwen an pa ka konpwan a kilé	Des fusils sur moi, je n'ai rien compris
Blow! Boum! Ba ! Ba !	Blow! Boum! Ba ! Ba !
Fizi an mwen an do an mwen	Les fusils me tirent dessus

L'utilisation du carnaval, et du Mas[1] en particulier, est un des éléments de la révolution antillaise. Le Mas est une réappropriation de l'espace social par le peuple. *Les moun a Mas* (les coureurs du Mas) utilisent leur corps comme instrument de revendication. Le carnaval est une façon pour les descendants d'esclaves de se moquer des maîtres, puis pour la population guadeloupéenne de contester le régime de Vichy sous le général Sorin. Le Mas Kont Pwofita-

---

1. Le Mas est une des formes de carnaval pratiquées en Guadeloupe. Ce défilé est moins policé que le carnaval de parade. Les déguisements et costumes sont souvent porteurs de messages politiques ou permettent une revendication politique, identitaire ou culturelle. Empreint de sens et exprimant la révolte, le Mas est une revendication totale qui passe par le corps. Le pas cadencé est rapide et déterminé.

syon a été particulièrement suivi lors de la crise de février 2009. Grâce à ces marches participatives, les Guadeloupéens sont venus de plus en plus nombreux participer aux défilés du LKP.

Malgré des périodes de fragile quiétude, les deux îles à volcan sont depuis longtemps au bord de l'éruption. La colère gronde. Les peuples des Antilles et de la Guyane se sentent spoliés. Pour eux, la France est traditionnellement colonialiste et conserve un attachement paternaliste à ses dépendances ultramarines. Les propos d'Aimé Césaire sont de tragique actualité : « *Entre colonisateur et colonisé, il n'y a de place que pour la corvée, l'intimidation, la pression, la police, le vol, le viol, les cultures obligatoires, le mépris, la méfiance, la morgue, la suffisance, la muflerie, des élites décérébrées, des masses aviles [...] Aucun contact humain, mais des rappors de domination et de soumission qui transforment l'homme colonisateur en pion, en adjudant, en garde-chiourme, en chicote et l'homme indigène en instrument de production*[1]. »

Soixante ans après la décolonisation, c'est d'une « decolonialisation[2] » de la République – sur les plans économique, politique et culturel – que pourrait procéder une égalité réelle. Au lieu de tenter de

---

1. Aimé CÉSAIRE, *Discours sur le colonialisme, op. cit.*, p. 19.
2. Le néologisme provient de la langue anglaise, où le terme de *decolonialization* signifie, au-delà de la simple *decolonization*, un processus de déracinement des structures et mentalités post-coloniales.

résoudre des problèmes structurels – tenant à l'équilibre des sociétés antillaises – par des solutions conjoncturelles – se limitant à la satisfaction de quelques revendications matérielles –, les acteurs gouvernementaux devraient s'assurer de comprendre la réalité géohistorique de ces territoires. Il faut à la fois former les représentants de l'État envoyés de « métropole », comme c'était d'ailleurs le cas – ironie de l'histoire – à l'époque de la colonisation. On ne peut pas penser les réalités caribéennes en tentant de les ramener à des « moyennes nationales » : n'en déplaisent aux recteurs ou inspecteurs d'académie de Guadeloupe et de Martinique, l'absentéisme scolaire sera toujours plus important en février, du fait du carnaval, que dans le reste de la France. À moins de vouloir éradiquer l'essence même de la culture caribéenne. Il est également urgent de mener une action positive destinée à s'assurer que les Antillais aient toute leur place dans la gestion de leurs propres territoires. Le slogan « *La Gwadloup sé tan nou, sé pa to zot* » marque le désir d'appropriation d'un pays, après des siècles de mise en tutelle. Il entend rompre avec un « ancien régime » de domination exogène. L'une des priorités serait de faciliter le retour au pays des jeunes diplômés guadeloupéens et martiniquais, venus se former dans l'Hexagone, et de renforcer les formations endogènes post-bac, notamment dans le domaine entrepreneurial.

Les États généraux, pour qu'ils aient un sens, devraient repenser la situation des Antilles selon une triple échelle. L'échelle de chaque territoire, pris dans sa singularité, permettrait de sortir de la vision post-coloniale d'un ensemble homogène « outre-mer ». Selon le juste mot de Patrick Chamoiseau, il convient de pas déserter le « petit contexte » : « *On ne peut exister au monde qu'à partir d'un lieu, d'un contexte qu'il faut aussi traiter*[1]. » La deuxième échelle – celle de la Relation Hexagone-Antilles – se doit de rompre avec la logique de la centralité unique. Lorsque l'impensée historique peut conduire au dialogue de sourds, l'État se doit d'affirmer que le projet d'aujourd'hui n'est plus de la même nature que celui d'hier, fondé sur la domination. Surtout, le rapport « racial » ne peut être assaini que par une remise en question de l'homogénéité ethnique des représentants de l'État. Le fait que la quasi-totalité des représentants de l'État soient des Blancs métro-politains, envoyés dans un territoire où la majorité de la population est noire, ne peut manquer d'évoquer une mise en tutelle post-coloniale. Que le fait de réclamer que les représentants de l'État ne soient pas tous « blancs » puisse être assimilé à du communautarisme, entorse au principe républicain – « devrait-on aussi réclamer, nous objecterait-on, que des préfets ou recteurs bretons soient envoyés en

---

1. Entretien de Patrick CHAMOISEAU, propos recueillis par Syliane Larcher, « Les identités dans la totalité-monde », *Cités,* n° 29, Paris, PUF, 2007, p. 121-134.

Bretagne ? » – pose les limites d'un schéma républicain qui finit par se heurter au simple bon sens. Ces principes avalisent un *statu quo* qui n'a plus rien de républicain, opposant deux groupes ethniques ; l'un conservant le monopole du pouvoir politique et économique et l'autre étant maintenu en sujétion. La troisième échelle est celle de l'environnement proche. En effet, la clé du développement tient dans la possibilité pour ces territoires d'être pleinement insérés dans leur bassin naturel – caribéen et américain – en brisant le lien exclusif à la « métropole ». La géographie s'impose à l'histoire : du sud de la Martinique, au point Sierra, et par temps clair, ce ne sont pas les côtes françaises, mais bien celles de l'île anglophone de Sainte-Lucie que l'on entrevoit…

Les départements d'outre-mer : des économies sous tutelle

Guy Numa

Enseignant-chercheur
Laboratoire d'économie de l'université Paris-Dauphine,
pôle Stratégies et dynamiques financières (LEDa – SDFi)

> *« Il y a un problème de monopoles. Il y a un problème d'organisation de l'économie. Il y a un problème d'une économie insulaire qui est l'héritière des comptoirs de l'époque de la colonisation, et qui fait qu'effectivement il y a quelques entreprises qui dominent au sens plein du terme le marché de ces îles. »*
>
> Yves Jégo, France Inter, 16 février 2009

Largement soutenues par les sociétés civiles, les récentes grèves générales survenues en Guadeloupe et Martinique ont eu pour thème fédérateur la lutte contre la vie chère. Outre la dénonciation du niveau exagéré des prix (notamment ceux des denrées de première nécessité), les collectifs LKP en Guadeloupe et du 5-Février en Martinique réclamaient des augmentations salariales. Même s'il existe d'autres motifs de mécontentement, la teneur économique des revendications est prépondérante, elle justifie une analyse globale des maux dont souffrent les départements d'outre-mer. Ces économies demeurent en réalité sous tutelle. Plus précisément, il s'agit d'une tutelle à deux dimensions étroitement liées pour des raisons historiques.

Tout d'abord, il existe une tutelle étatique qui présente deux visages antagonistes qui nuisent à son efficacité et nourrissent rancœurs et sentiment d'abandon. D'un côté, l'État va dépenser 16,7 milliards d'euros pour les DOM en 2009, les dépenses spécifiques aux DOM s'élevant à 7 milliards ; mais, de l'autre, il ne remplit visiblement pas une de ses fonctions régaliennes qui est de rendre justice dans un domaine précis, le droit à la concurrence. Il en va pourtant de la liberté du commerce et de l'industrie qui a valeur constitutionnelle, ainsi que de la protection des consommateurs. Car dans le mot « tutelle », il y a un autre mot, « tutélaire », qui ne semble pas être de mise. Il faut croire que, dans les DOM, la législation antitrust n'est pas appliquée. En outre, l'État entretient et/ou avalise des monopoles dans la production de carburant et le fret maritime. Mais cette explication n'est pas la seule. Il existe également une tutelle d'un petit nombre d'acteurs économiques composés en partie de « békés », les descendants de colons esclavagistes. En Martinique, par exemple, ces derniers représentent moins de 1 % de la population, ils concentreraient pourtant 52 % des terres et détiendraient 40 % des magasins[1]. Même si, depuis

---

1. Cf. Eddy MARAJO (dir.), « Békés. Puissance économique : mythe ou réalité ? », *Business News*, mars 2007.

plusieurs années, leur pouvoir économique s'est quelque peu étiolé, ils demeurent toujours puissants dans des secteurs comme l'agroalimentaire et la grande distribution. Or ces secteurs sont fortement suspectés de pratiques restrictives de concurrence. La concentration du pouvoir économique par certaines familles, combinée à l'héritage historique qu'elles portent deviennent des facteurs aggravants de tensions sociales dans les Antilles françaises.

Notre analyse des économies des DOM porte sur le peu d'efficacité des dépenses de l'État, un protectionnisme contre-productif, le niveau des prix et les restrictions de concurrence.

■ DES DÉPENSES DE L'ÉTAT PEU EFFICACES

En parlant des DOM, certains médias et observateurs ont coutume de mettre l'accent sur les dépenses de transferts sociaux opérés par l'État : avec 12 % de personnes vivant en dessous du seuil de pauvreté, nul étonnement de voir que la Guadeloupe compte 8 % de RMIstes. L'État est aussi très généreux à travers sa politique de baisse des charges et de défiscalisation (appelée maladroitement « niches fiscales »). Selon le secrétariat d'État à l'Outre-mer, les montants sont respectivement de 1,2 milliard et de 3,3 milliards d'euros. Pour quels résultats ? Le PIB régional par habitant des DOM en moyenne s'élevait, en 2008, à 17 000 euros environ, contre 30 140 euros pour la France hexagonale (cf. tableau 1). En Guadeloupe, par exemple, 32 000 entreprises bénéficient des aides sur un parc composé de 40 000 unités de production. Seulement, en considérant que 74 % des unités de production sont des entreprises unipersonnelles (aucun salarié) contre un peu plus de 50 % en France hexagonale, il est évident que le tissu productif local est faiblement créateur de valeur ajoutée.

D'ailleurs, cette faiblesse se traduit dans les chiffres du chômage qui oscillent entre 22 et 25 % d'une île à l'autre. C'est à notre avis le plus éloquent et le plus alarmant de tous les indicateurs économiques, particulièrement celui des jeunes de 15 à 24 ans, deux fois plus élevé. Ainsi, les quatre DOM présentent le taux de chômage le plus élevé des régions européennes. Plus alarmant encore, Guadeloupe, Martinique et Réunion se retrouvent en tête des régions d'Europe pour le taux de chômage des jeunes. On ne peut donc pas dire que les dépenses de l'État sont efficaces.

Le secrétaire d'État à l'Outre-mer Yves Jégo qualifie lui-même l'outre-mer d'« économie héritière des comptoirs ». Comment comprendre ce propos ? Un bref retour aux faits et à la théorie économique s'impose. Il serait plus précis de désigner les économies ultramarines comme des pièces de choix du grand puzzle mercantiliste orchestré par l'État français dès le XVIIe siècle. Le mercantilisme désigne une conception de l'économie européenne qui s'étend du XVIIe siècle au milieu du XVIIIe siècle et dont le but est l'enrichissement par tous moyens, y compris la colonisation, pour disposer de matières premières.

Tableau 1 – L'outre-mer en quelques chiffres (2007)

	Guadeloupe	Guyane	Martinique	Réunion	France hexagonale
Taux de chômage (%)	22,70	20,60	21,20	25,20	7,80
Taux de chômage des jeunes (%)	55,70	32,00	47,80	50,00	
PIB par habitant	17 221	14 100	19 700	17 140	30 140
Taux de couverture (%)	6,18	12,43	13,18	6,72	93,20
Proportion des foyers fiscaux déclarant moins de 7 500 euros annuels en 2006 (%)	54,40	55,30	50,40	53,90	27,80

Sources : Institut d'émission des DOM, Guadeloupe, Guyane, Martinique, Réunion (2008) ; Insee.

En France, la politique économique menée par Colbert peut se résumer comme suit : favoriser autant que possible les exportations y compris en subventionnant, et restreindre autant que possible les importations en taxant. La politique mercantiliste s'impose comme un jeu à somme nulle. À l'excédent commercial de la « métropole » s'ajoute le déficit commercial des colonies. À l'inverse, les économistes classiques qui suivront, tels Smith et Ricardo, décriront le commerce international comme étant mutuellement bénéfique. Une analyse des échanges commerciaux entre les DOM et l'Hexagone révèle que ce schéma n'a que peu évolué depuis l'époque mercantiliste. Pour les DOM, l'export n'a jamais pris le pas sur l'import du fait de la faiblesse du tissu productif, notamment pour les biens à valeur ajoutée élevée. Le piètre résultat de cette politique est un taux de couverture qui ne dépasse pas 13 %[1]. Il faut toutefois relativiser l'usage des concepts d'exportation et d'importation pour des îles certes, mais qui sont avant tout des départements français. Il ne viendrait à l'esprit de personne d'utiliser ces outils pour la Creuse ou la Dordogne, par exemple.

---

1. Ce qui signifie que les exportations ne couvrent que 13 % des importations. Ce ratio est équilibré lorsqu'il est égal à 100 %.

▪ LE POIDS DE LA FISCALITÉ : L'ÉCHEC DU PROTECTIONNISME

La meilleure preuve de réminiscence de l'ère mercantiliste demeure l'octroi de mer. Cet impôt spécifique aux DOM remonte à 1670, dans ce qui était alors la colonie de Martinique, sous la dénomination de « droit de poids ». Il s'agit d'un droit de douane qui frappe les biens à l'importation et – chose qui n'a étrangement pas été rappelée par les commentateurs – d'un impôt indirect à la consommation qui frappe donc la production locale[1]. La taxe va de 0 %, sur certains produits alimentaires comme le lait, à 50 %, sur le tabac. Le produit de cet octroi de mer collecté par les douanes (250 millions d'euros en Guadeloupe en 2008) est destiné aux communes. Ces dernières défendent son maintien en arguant du fait que le produit des autres taxes locales (par exemple, la taxe d'habitation, la taxe foncière) est faible, ce qui s'explique par la faiblesse des revenus des ménages. Les conseils régionaux fixent les taux d'octroi ; en outre, ils bénéficient d'une recette issue d'une taxe additionnelle, appelée « octroi de mer régional », dont le taux ne peut excéder 2,5 %. La justification de l'octroi de mer est l'aide au développement insulaire, mais le législateur a oublié au passage que cette mesure défensive ne crée pas

---

1. L'assiette de l'octroi de mer est soit la valeur en douanes des marchandises pour les opérations d'importation, soit les prix hors TVA pour les livraisons de biens produits localement.

d'activité économique, ce n'est donc pas une fin en soi.

Pour résumer, il existe un octroi de mer et un octroi de mer régional, les deux s'ajoutent à la TVA à taux réduit[1]. Les économies des DOM constituent des exemples d'échec des politiques protectionnistes. À l'heure de la globalisation, il serait plus normal de voir les DOM échanger plus fortement avec les pays et territoires de leur zone économique naturelle. Mais pour échanger avec autrui, encore faut-il produire un produit ou un service à prix compétitif et/ou de qualité attractive. À ce titre, faut-il remarquer, à l'exception de la Guyane, que les économies ultramarines sont peu ouvertes par rapport à l'île Maurice par exemple (cf. tableau 2) ? On peut l'expliquer par l'effet d'éviction de la rente administrative : celle-ci stimule les importations, mais ses effets découragent l'exportation. L'aide de l'État s'avère être un substitut des exportations. Elle rend les exportations beaucoup moins indispensables et beaucoup moins rentables que les importations[2].

---

1. En Guadeloupe, Martinique et Réunion, le taux normal est de 8,5 % et le taux réduit de 2,1 % ; en Guyane, il est de 0 %.
2. Cf. Bernard POIRINE, « Éloignement, insularité et compétitivité dans les petites économies d'outre-mer », *AFD*, série « Documents de travail », n° 52, novembre 2007.

**Tableau 2 – Taux d'ouverture en 2002
(exportations + importations)/PIB (%)**

Guadeloupe	36
Guyane	158
Martinique	37
Réunion	37
France hexagonale	52,2
Île Maurice	120

Source : Bernard Poirine, op. cit.

LE NIVEAU DES PRIX MIS EN ACCUSATION

Les manifestations contre la vie chère doivent être analysées en ayant à l'esprit que la moitié des foyers fiscaux domiens gagnent moins de 7 500 euros par an (contre 27,8 % en France hexagonale). Par conséquent, les ménages domiens sont composés pour l'essentiel de personnes à bas revenus. Or, toutes choses égales par ailleurs, la propension à consommer est d'autant plus élevée que le revenu est faible, et, comme l'enseigne la première loi d'Engel, la part des dépenses affectées aux besoins alimentaires est d'autant plus faible que le revenu est grand. Inversement, la proportion de dépenses affectées aux besoins alimentaires est d'autant plus élevée que le revenu est faible. Les ménages domiens se trouvent dans ce dernier cas, ils sont donc particulièrement sensibles aux prix très souvent exorbitants des produits alimentaires. Le rapport parlementaire du député Jean-Pierre Brard[1] rappelle le schéma théorique de formation des prix des biens produits localement (cf. figure 1).

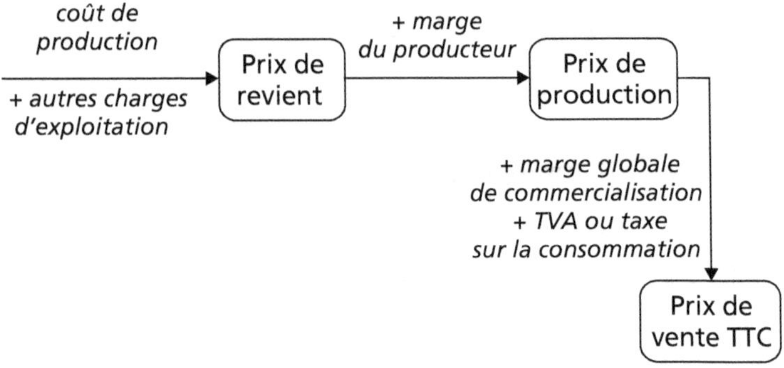

Figure 1 – Structure théorique de formation des prix des produits locaux

Pourtant, « *il apparaît que les producteurs locaux fixent leur prix de vente non pas en fonction de leur prix de revient, mais en fonction du prix du produit importé. Le prix de vente du melon produit localement est ainsi systématiquement aligné sur celui du melon importé [...] Cette situation est évidemment nuisible pour le consommateur qui ne peut choisir qu'entre des produits chers. Elle est également défa-*

---

1. Jean-Pierre BRARD, *Rapport d'information relatif à l'amélioration de la transparence des règles applicables aux pensions de retraite et aux rémunérations outre-mer*, Assemblée nationale, n° 3780, mars 2007, p. 84.

vorable pour le développement des économies locales, car les producteurs locaux ne sont pas incités à augmenter leur production. En conséquence, le niveau anormalement élevé des marges des importateurs et des distributeurs a également des conséquences négatives sur le tissu économique local et sur l'emploi[1] ».

Entendons-nous bien. Il n'est point question ici de réclamer des niveaux de prix comparables à ceux que le consommateur trouve en France hexagonale. Les ménages domiens sont à même de comprendre que l'insularité et l'éloignement de Paris sont des facteurs de prix plus élevés. Plus précisément, c'est le niveau des prix de certains produits pour le moins exagéré qui est en cause, notamment celui des biens produits localement.

À cet égard, le cas de la banane illustre très bien le problème. Il est en effet apparu, pour qui ne le savait pas encore, que le prix de la banane produite en Martinique ou en Guadeloupe pouvait coûter 40 % plus cher que ce qu'elle coûte en France hexagonale. S'il est bien vrai que la banane antillaise subit un désavantage par rapport à la « banane dollar[2] » en raison de coûts de production bien plus élevés, il faut également rappeler que les producteurs de bananes perçoivent des subventions de l'État français et de l'Union européenne. En admet-

---

1. Jean-Pierre BRARD, *op. cit.*, p. 84-85.
2. Bananes produites par des géants de l'agroalimentaire américains, le plus souvent en Amérique du Sud.

tant que les aides à l'exportation expliquent une décote de 40 % du prix de vente en France hexagonale, pourquoi les prix restent toujours aussi élevés aux Antilles ?

De deux choses l'une. Soit, en toute logique, les subventions consistent à favoriser la banane antillaise hors de son lieu de production, sans oublier les consommateurs locaux ; au total, les consommateurs hexagonaux et locaux bénéficient de prix préférentiels. Soit les aides perçues par les producteurs sont partiellement détournées de leurs objectifs, ces derniers ne pratiquant de baisse que sur les marchés européens et pas sur les marchés locaux. Cette différence de prix est légitimement vécue comme une injustice. Quoi qu'il en soit, cette analyse remet en cause le bien-fondé et la pratique des subventions qui s'avèrent contre-productifs pour les consommateurs locaux.

Un autre facteur déstabilisateur est la forte proportion d'emplois publics, qui représentent près d'un tiers des emplois dans les DOM, contre 20 % dans l'Hexagone. Ces fonctionnaires bénéficient d'une majoration de rémunération équivalente à 35 % du salaire à la Réunion, 40 % en Guadeloupe, Guyane et Martinique[1]. Ce surcroît de rémunération dans le secteur public a pour double corollaire d'alimenter l'inflation et de créer un sentiment

---

1. À l'origine destinée aux fonctionnaires métropolitains travaillant aux Antilles, cette prime a été étendue à tous les fonctionnaires en poste dans les DOM.

d'injustice auprès de la main-d'œuvre du secteur privé qui ne bénéficie pas d'une telle sur-rémunération. Au passage, remarquons que si l'État octroie cette majoration de traitement aux fonctionnaires, cela signifie qu'il reconnaît un coût de la vie plus élevé par rapport à l'Hexagone. D'ailleurs plusieurs rapports sur l'outre-mer ont souligné les effets pervers des sur-rémunérations des fonctionnaires[1]. Pour être tout à fait juste, il faut préciser que des fonctionnaires en poste dans d'autres parties du monde reçoivent des sur-rémunérations bien plus élevées. Donc toute tentative de réformer ce système dans les DOM doit s'inscrire dans le cadre plus global de la réforme de la fonction publique.

Deux dispositions réglementaires confèrent un rôle crucial aux autorités publiques en matière de régulation des prix. En vertu des décrets n°s 88-1046 et 88-1047 du 17 novembre 1988[2], les prix de certains biens et services sont fixés par autorisation préfectorale. C'est le cas de la farine, notamment.

---

1. Cf. Bertrand FRAGONARD, *Les Départements d'outre-mer : un pacte pour l'emploi,* Rapport à M. le secrétaire d'État à l'Outre-mer, 1999 ; Marc LAFFINEUR, *Rapport d'information sur la fonction publique d'État et la fonction publique locale outre-mer,* Assemblée nationale, n° 1094, septembre 20003 ; Anne BOLLIET, Gérard BOUGRIER et Jean TENNERON, *Rapport sur l'indemnité temporaire de retraite des fonctionnaires de l'État outre-mer,* Inspection générale des finances, n° 2006-M_054-02, 2006 ; Jean-Pierre BRARD, *Rapport d'information relatif à l'amélioration de la transparence des règles applicables aux pensions de retraite et aux rémunérations outre-mer,* Assemblée nationale, n° 3780, mars 2007.
2. Modifiés par le décret n° 2003-1241 du 23 décembre 2003.

Comment comprendre dès lors que le préfet avalise un prix de la farine qui est de 167 % plus élevé que celui de la France hexagonale ? De surcroît, la loi d'orientation pour l'outre-mer (Loom) du 13 décembre 2000 prévoit, en son article 75, l'instauration dans chacun des DOM d'un observatoire sur les prix et les revenus dont les membres doivent se réunir au moins une fois par an. Il a fallu attendre le 2 mai 2007, soit sept ans après le vote de la loi, pour que le décret d'application de la Loom voie le jour. Définie dans l'article 1er de ce décret, la mission de ces observatoires est *« d'analyser le niveau et la structure des prix et des revenus et de fournir aux pouvoirs publics une information régulière sur leur évolution »*. Comment travaillent-ils et comment peuvent-ils justifier le niveau des prix ? Dans son allocution du 19 février 2009, Nicolas Sarkozy a prévu une enquête sur les prix qui devra rendre ses conclusions *« dans trois mois »*, autrement dit à la mi-mai. Gageons que les recommandations qui suivront ne connaîtront pas le même sort que celles de la Commission de libération de la croissance français, dite « commission Attali », c'est-à-dire les oubliettes.

■ MONOPOLES, OLIGOPOLES ET POSITIONS DOMINANTES

Les restrictions de concurrence dans les DOM semblent être un trait caractéristique des économies ultramarines. Deux problèmes illustrent le manque palpable de concurrence : les monopoles et les positions dominantes. Le plus emblématique des monopoles est celui détenu par la Société anonyme de raffinerie des Antilles (Sara). Ce monopole dans la production et la distribution de carburants remonte aux années 1960. À cette époque, l'État a voulu convaincre les pétroliers de venir vendre de l'essence aux Antilles. En contrepartie, la Sara, dont l'actionnaire principal est Total (avec 50 % du capital), a bénéficié d'un monopole légal. La tendance des monopoles privés est de tarifer à des prix plus élevés en organisant, par exemple, la sous-capacité. En situation de monopole, la taille réduite du marché (comme c'est le cas pour les DOM) est moins contraignante pour un monopole ou un oligopole. Ici, l'argument de l'étroitesse du marché est peu recevable. Les coûts de production de la Sara sont-ils réellement élevés ? Cette entreprise a néanmoins réalisé un bénéfice de 50 millions d'euros en 2007. Selon ses dirigeants, le bénéfice annuel depuis l'année 2000 a été de 12 millions en moyenne.

Ces chiffres appellent un commentaire sur la tarification. En première éventualité, la Sara reste un monopole ; dans ce cas, il revient à l'État de réglementer la production de carburants en supervisant les prix et les quantités produites. C'est ce qui se passe puisque le préfet fixe les prix du carburant. Le problème est de connaître les modalités exactes de fixation des prix. En novembre 2008, en Guyane, le litre d'essence valait 1,77 euro. À ce stade, on peut s'interroger sur la transparence des coûts. En un claquement de doigts, les prix du carburant ont, en effet, baissé en moyenne de 30 centimes d'euro en Guyane. Ce fait n'est pas de nature à rassurer les ménages domiens sur le niveau des marges de la Sara. En deuxième éventualité, la Sara n'est pas un monopole, elle doit donc être soumise à la concurrence, ce qui devrait garantir des prix plus abordables. Il faudra tout de même passer outre certains corporatismes locaux qui soutiennent la Sara. Plus généralement, c'est toute la filière pétrolière qu'il faudrait revoir dans les DOM. Le « rapport Bolliet[1] » sur les prix des carburants épingle un système « *anticoncurrentiel, déresponsabilisant et inflationniste* ». Le symbole de ce système est l'usage de l'effet dit « de dilatation ». Le carburant est facturé aux stations-service sur un volume donné à la température de 18 °C, mais il leur est livré à une température de 30 °C, ce qui augmente son volume, et donc son coût.

Les restrictions de concurrence ont aussi un autre visage, les positions dominantes dans la grande distribution : l'article L. 430-2 du Code de commerce stipulait que, dans les DOM, aucun acteur ne pouvait voir ses parts de marché excéder 25 %[2]. Comment

---

1. Anne BOLLIET, *Rapport sur la fixation des prix des carburants dans les départements d'outre-mer,* La Documentation française, mars 2009.

2. Ce seuil de parts de marché a été remplacé par des seuils de chiffre d'affaires par la loi n° 2008-776 du 4 août 2008 de modernisation de l'économie.

imaginer qu'en 2007 le groupe GBH (Groupe Bernard Hayot) remporte un appel d'offres pour la construction d'un hypermarché en Guadeloupe alors que ce groupe détenait déjà un hypermarché sur quatre, soit le seuil prévu par la loi à cette date ?

■ CONCLUSION

En apparence, l'outre-mer est sous une double tutelle, celle de l'État, d'une part, et celle d'un petit nombre d'opérateurs dans des secteurs clés comme les carburants, l'agroalimentaire et la grande distribution, d'autre part. Cette double tutelle est anti-économique et antidémocratique. En fait, la tutelle de l'État n'est qu'apparente, les enquêtes sur les prix sont inexistantes ou trop rares, l'opacité sur la formation des prix également, la loi n'a pas été appliquée en matière d'antitrust. D'où le sentiment d'abandon et de frustration des populations. On a l'impression que la dépense publique sert à maintenir un équilibre social fragile, à acheter une paix sociale.

Les récents événements survenus dans les DOM ont montré les limites d'un système à bout de souffle. Si la revendication salariale peut sembler légitime, il ne faut pas omettre que toute tentative de réforme du mécanisme de formation des prix doit prendre en compte les inégalités de revenus entre le public et le privé. Plus généralement, les facteurs de prix élevés identifiés sont : le poids de la fiscalité, l'organisation anticoncurrentielle des marchés, l'hypertrophie du secteur public en lien avec la sur-rémunération des fonctionnaires.

Au total, on peut synthétiser graphiquement les conséquences sur les prix de ces trois facteurs (cf. figure 2). La sur-rémunération des fonctionnaires provoque une élévation de la courbe de demande globale. Mais le haut niveau des prix résulte aussi des taxes à l'importation (droits d'entrée, octroi de mer), ce qui permet aux producteurs de pratiquer des marges plus importantes sur les produits locaux, en s'alignant sur le prix des produits importés. Cela est renforcé par l'existence de marchés peu ou pas concurrentiels qui permet de faire des profits plus élevés. Le tout élève la courbe d'offre globale. Finalement, le prix d'équilibre pour les DOM se situe à un niveau plus élevé que celui de l'Hexagone.

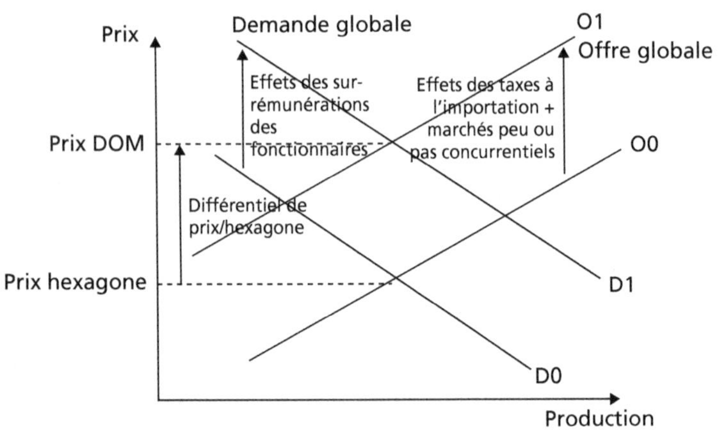

Figure 2 – Le différentiel de prix par rapport à l'Hexagone

Tout l'enjeu est d'apprécier l'impact exact de chacun de ces facteurs sur le niveau des prix. Seule une enquête sérieuse et approfondie des mécanismes de formation des prix permettrait d'obvier à cette situation.

Un nouveau départ

Pascal Perri

Professeur d'économie Advancia-Negocia,
docteur en géographie

Symboliquement, il y a cette année cinquante ans
que le département français de la Martinique a
présenté pour la dernière fois un solde équilibré de
ses échanges commerciaux avec l'extérieur. Au cours
de ces années, la dépendance des départements
français d'Amérique (DFA) vis-à-vis de l'extérieur
s'est considérablement renforcée, au point que les
territoires des Antilles et la Guyane importent prati-
quement 90 % de ce qu'ils consomment. Cette
dépendance présente, de surcroît, la caractéristique
de l'exclusivité. Les départements de la Martinique
et de la Guadeloupe consomment des produits venus
de France « européenne » pour ne pas dire de métropole. Nous exclurons d'ailleurs le terme de
« métropole » qui signifie dans le Larousse : *« État
considéré par rapport à ses colonies, à ses territoires
extérieurs. »* Nous verrons en particulier que le
déploiement des économies locales impose de réin-
terroger la notion de centralité.

Les DFA souffrent notamment d'être considérés comme les points extrêmes de l'étoile dans une France encore organisée en *hub and spokes*, c'est-à-dire autour d'un moyeu, donc autour d'un centre. Le modèle du centre polarisant est acceptable dans le cas d'un territoire continu. Il perd en revanche de sa pertinence quand il s'agit de territoires discontinus. La seule façon de corriger les handicaps de la géographie, c'est précisément d'en accepter les règles de polarité dominante. Or, les départements de la Martinique et de la Guadeloupe ainsi que la Guyane appartiennent à l'ensemble naturel américain. Ils en dépendent géographiquement, et tout doit être fait pour que ces territoires vivent une relation économique stable et durable avec cet environnement. Proposer des solutions novatrices pour rénover l'économie des DOM, c'est d'abord accepter de prendre une leçon de géographie.

■ COMMERCE, DISTRIBUTION : FAIRE RESPECTER LA LOI ET ACTUALISER LES RÈGLES DE CONCURRENCE

Lors de son intervention sur France Ô le 19 février 2009, Nicolas Sarkozy s'en était pris aux *« monopoles, surprofits, rentes de situation et formes d'exploitation »*, autant de mots que résume assez fidèlement l'expression de *pwofitasyon* utilisée dans le sigle du mouvement LKP. Le premier devoir de l'État, au-delà de la dénonciation de situations exorbitantes du droit commun, devrait être de faire appliquer la loi. À la Guadeloupe, une plainte pour abus de position dominante dort sur le bureau du juge depuis maintenant plus de trois ans.

En 2005, la Chambre de commerce et d'industrie de la Guadeloupe publie un appel d'offres pour la construction d'un hypermarché supplémentaire. Le groupe vendéen Système U, représenté aux Antilles par M. Parfait, est candidat. Mais, c'est Bernard Hayot, déjà propriétaire d'un hypermarché sur quatre, qui remporte l'appel d'offres, au mépris d'une disposition de la « loi Dutreil », laquelle prévoit qu'un opérateur ne peut pas posséder plus de 25 % des parts de marché dans le secteur de la grande distribution. Le retard pris dans cette procédure engagée devant le tribunal administratif agit en réalité comme une barrière d'entrée supplémentaire et renforce les entreprises qui occupent déjà une situation dominante. Dans le domaine économique, rien n'est tout à fait innocent. On peut agir par action ou par omission.

Une justice administrative trop lente, et une administration de la concurrence sans moyens : on pourrait croire que toutes les conditions sont réunies pour laisser le marché aux mains des distributeurs. Quand l'État est absent, les producteurs et les distributeurs règlent la capacité pour contrôler les prix. La concurrence fonctionne quand de nouveaux entrants ont accès au marché. Les consommateurs antillais savent bien que la présence de deux ou trois grandes enseignes sur un territoire fermé n'est pas un gage de concurrence. Les marchés de la distribution alimentaire et non alimentaire sont verrouillés et historiquement marqués par le phénomène connu d'ententes concurrentielles.

La vigilance de l'État serait d'autant plus nécessaire que le modèle des économies locales est fortement marqué par sa verticalité. Les mêmes opérateurs contrôlent toute la chaîne, de l'importation des produits jusqu'à leur distribution. Nous sommes presque dans une économie de comptoir. De grandes familles maîtrisent l'offre, du conteneur jusqu'au consommateur. Dans la chaîne de valeur, cette situation de monopole est pour beaucoup dans le niveau très élevé des prix de vente sur les marchés antillais. Dans ce domaine, deux propositions peuvent être faites dès aujourd'hui :

- sur des marchés captifs, dépendants des importateurs, les distributeurs ne peuvent pas être les importateurs. Une réglementation spécifique sera proposée pour limiter les phénomènes de monopoles verticaux[1] : *les personnes physiques ou morales qui contrôlent, soit directement soit indirectement, plus de 20 % de parts de marché dans*

---

1. À situation exceptionnelle, mesures exceptionnelles. La République consent à un certain nombre de dispositifs dérogatoires, notamment en matière de rémunération des fonctionnaires dans les DOM. Le principe d'égalité devant la loi doit être aménagé et substitué à celui d'équité devant la loi, au moins pour corriger les excès de l'égalitarisme républicain. Je propose ici des modes de régulation économique dédiés aux seuls DOM.

la distribution alimentaire ou non alimentaire ne pourront pas détenir plus de 49 % des actions dans les entreprises d'import-export ;

- les dispositions de la « loi Dutreil » sur la concurrence des enseignes devront être renforcées. Un examen attentif des situations de concurrence montre que le marché est toujours fortement influencé par des phénomènes de polarité territoriale. Les zones de chalandise reposent sur l'attractivité commerciale, culturelle ou administrative d'un point central qui entretient une certaine forme d'assignation à résidence pour les consommateurs. Pour dire les choses plus simplement, ces consommateurs sont captifs de zones commerciales souvent dominées par une seule enseigne. Conclusion : le pluralisme des enseignes sur un territoire comme la Martinique ou la Guadeloupe n'est pas un gage de compétition sur les prix. Des dispositions propres à la situation insulaire sont à prendre d'urgence. Un *dispositif antitrust* est à étudier. Je propose de durcir les dispositions de la « loi Dutreil » et de ramener à 15 % les parts de marché maximum autorisées pour une enseigne ou un propriétaire, personne morale ou physique.

Pour résumer, l'État peut intervenir sur deux leviers pour améliorer rapidement les conditions de marché. D'abord la négociabilité. La loi de modernisation économique (LME) en a fait un outil de baisse des prix. Mais la négociabilité ne fonctionne que lorsque le fournisseur et le distributeur ne sont pas la même personne. Il est urgent de casser l'organisation verticale des monopoles aux Antilles. Ensuite, la concurrence. C'est le levier le plus puissant pour faire baisser les prix. Établir les conditions d'une concurrence sincère et durable, dans le respect des règles de gestion, revient à déclencher un dispositif antitrust à partir de 15 % des parts de marché.

■ LE COURAGE DE LA VÉRITÉ

Les pratiques d'exception se multiplient aux Antilles. Elles sont non seulement contraires aux règles d'équité qui devraient présider à l'organisation économique, mais elles sont aussi très inflationnistes et contribuent au sentiment de vie chère. Le démantèlement des pratiques abusives est une urgence sociale et plaide pour le déploiement très rapide des moyens humains et techniques de contrôle en matière de concurrence.

Prenons l'exemple du pétrole importé et soumis au monopole de la Sara, Société anonyme de raffinerie des Antilles. Les distributeurs de carburant se plaignent en coulisse des pratiques de cette entreprise en situation de monopole. Ils expliquent que la Sara procède à la livraison des stations-service en pleine chaleur *« au moment où le pétrole se dilate sous l'effet de la température et occupe une place plus grande dans les cuves de stockage »*. Une fois la température redescendue, en soirée ou au petit matin, les jauges indiquent des quantités de produit stocké très inférieures. De nombreux pompistes ont cherché à protester contre ces pratiques. En jouant sur des réactions physiques connues dans les pays chauds, la Sara livre de l'essence et… du vide, mais elle facture le vide au prix de l'essence. Les scientifiques seraient en mesure de fournir des solutions clés en main, mais les professionnels de la distribution d'essence évoquent leur dépendance vis-à-vis du monopole et préfèrent *« se rattraper sur les autres produits vendus aux automobilistes »*, comme les produits d'entretien et les accessoires automobiles.

Les importations stratégiques comme les sources d'énergie peuvent-elles être considérées comme des actifs classiques de marché ? Compte tenu des pratiques en vigueur, il est urgent de placer le secteur de l'importation et du raffinage de pétrole à l'abri des abus. Une structure de partenariat *public-privé,* sous contrôle de l'administration de la concurrence et de la répression des fraudes, pourrait être chargée d'administrer la production et la distribution de pétrole à la Martinique et en Guadeloupe.

Dans le même esprit, les pratiques de ristourne mises en place par les entreprises de fret maritime devront être éclaircies et codifiées. À la Martinique, tout le monde sait que les producteurs de bananes n'ont jamais touché le moindre centime d'euro sur les commissions-ristournes versées par les transporteurs aux intermédiaires sur le transport de bananes des Antilles vers les ports français. Pour fonctionner, l'économie de marché a besoin de règles. Le libéralisme économique ne doit pas être confondu avec le laisser-faire. Il s'adosse à l'idée d'un contrat librement accepté par les agents économiques, entreprises ou ménages, et à l'absence de situation de monopole. La théorie des monopoles naturels repose sur l'idée centrale de rendements croissants : plus on produit, plus le coût unitaire diminue. Or, dans le cas des Antilles, non seulement tous les marchés semblent contestables, y compris celui de l'énergie, c'est-à-dire accessibles à de nouveaux entrants, mais l'expérience du passé montre que les situations de monopole n'améliorent pas la productivité, mais renforcent au contraire la domination et les profits des entreprises installées.

Les monopoles antillais n'ont jamais été vertueux. Comment expliquer autrement que des entreprises agroalimentaires installées sur place proposent des produits frais aussi chers que ceux importés. Au risque de se répéter, il faut rappeler que *seule la concurrence, une concurrence réelle et sincère fait baisser les prix*[1]. La tentation naturelle d'un acteur dominant est de les augmenter pour améliorer ses marges. Sur des îles, où les consommateurs sont assignés à résidence, seule l'intervention de l'État, par la loi ou par le règlement, peut créer les condi-

---

1. M. Alain Huyghues-Despointes est propriétaire des licences des marques Coca-Cola, Orangina, Yoplait, Miko et Candia sur les deux îles.

tions d'une compétition à armes égales entre les opérateurs économiques.

■ DES ÎLES FRANCHES

Le tissu économique des Antilles est dominé par des entreprises de très petite taille (94 % des entreprises guadeloupéennes ont moins de neuf salariés). La proportion d'entreprises unipersonnelles est très élevée (74 %). Les entreprises des îles françaises de la Caraïbe sont tributaires d'un marché intérieur traduisant une demande erratique et irrégulière, très largement abondée par les revenus sociaux et la commande publique. Compte tenu de la taille du marché et de la fragilité du tissu économique local, certains économistes proposent d'étendre le système dérogatoire des zones franches à l'ensemble du territoire des départements français d'Amérique. Cette idée mérite d'être approfondie.

Les zones franches se distinguent du reste du marché par une fiscalité dérogatoire et allégée et par une simplification du formalisme des entreprises. Il n'est pas sain que des entreprises bénéficient d'exonérations totales de charges, car les entreprises sont des agents économiques qui participent à la création de richesse et qui bénéficient des infrastructures mises à disposition par la collectivité. Je plaide en faveur d'exonérations progressives liées à la capacité contributive des entreprises.

Quel rapport entre le Groupe Bernard Hayot, dont le chiffre d'affaires a doublé en six ans, passant de 1 à 2 milliards d'euros, grâce à des situations dominantes et à des opérations de croissance externe, et une TPE du secteur des services ou du bâtiment employant quatre salariés ? Les deux entreprises ne peuvent pas être éligibles aux mêmes règles. *L'égalité républicaine y perdra ce que le pragmatisme économique et le bien-être social y gagneront.* Le dispositif des zones franches ne saurait toutefois se suffire à lui seul. Les entreprises antillaises sont plus que d'autres confrontées aux problèmes de financement et les chefs d'entreprise manquent, pour certains, de formation. Un plan global de financement des entrepreneurs par le micro-crédit est souhaitable. Non seulement ce plan aidera le financement des jeunes entrepreneurs qui n'ont souvent d'autre choix que de créer eux-mêmes leur propre emploi, mais il permettra aussi, sur le modèle des plates-formes d'entreprises, de préciser les projets, d'amender les moins aboutis et d'encourager les idées nouvelles.

Simultanément, il apparaît essentiel pour l'avenir de développer les *filières de formation spécialisée dans l'entrepreneuriat,* à l'image de l'école supérieure de commerce Advancia-Negocia, fondée par la Chambre de commerce et d'industrie de Paris et désormais membre de la conférence des grandes écoles. Le taux élevé de défaillance des entreprises aux Antilles s'explique par l'exiguïté du marché, mais aussi par des erreurs de gestion imputables au manque de formation des créateurs.

■ LE RETOUR AUX FONDAMENTAUX : CULTIVER LA TERRE POUR SE NOURRIR

Dans le monde complexe et ouvert que nous connaissons aujourd'hui, on a tendance à oublier les fondamentaux du développement. Le philosophe oriental Gibran Khalil Gibran, un des hommes les plus lus aux États-Unis, écrivait au siècle dernier : *« Malheur à un pays qui ne cultive pas ce qu'il consomme et qui ne tisse pas ce dont il se vêtit. »* Les différents paradigmes du développement reposent sur des invariants de base comme la question de la souveraineté alimentaire. Tous les grands pays développés et stables ont été, à un moment de leur histoire, en mesure de produire leurs propres besoins alimentaires. L'objectif de réduire la dépendance alimentaire des départements français d'Amérique est un objectif stratégique pour ces territoires et pour leurs populations. Tous les spécialistes du développement savent cependant que les politiques agricoles sont à moyen et long termes. *L'auto-suffisance alimentaire des Antilles est un chantier à deux générations.*

Paul Luu, directeur de l'Office du développement de l'économie agricole des départements d'outre-mer, estime que la Martinique et la Guadeloupe produisent environ 45 % de leur consommation.

Encore faut-il entrer dans le détail : 50 % de la viande de bœuf et 90 % de la volaille – qui constitue pourtant une base carnée de l'alimentation locale – sont importées. On aura beau jeu de rappeler, ici, que Cuba est un des producteurs dominants de volaille dans la région au moment où les Martiniquais et Guadeloupéens consomment régulièrement des poulets élevés en Bretagne ou dans la Sarthe et vendus dans les supermarchés locaux. La souveraineté alimentaire, pour reprendre l'expression du ministre de l'Agriculture M. Michel Barnier, est donc loin d'être acquise. Les pistes de sortie de crise combinent plusieurs axes de déploiement. En premier lieu, une politique agricole ambitieuse tendant à l'autosuffisance, ce qui n'a jamais été le cas. Fortement marquée par les accords européens sur l'aide aux régions ultrapériphériques, l'agriculture de ces territoires a donné la priorité aux productions exportées comme la banane ou la canne. Nous savons tous que les « bananes dollars » produites par les géants de l'agroalimentaire américain comme la société Dole bénéficient de coûts de production très inférieurs, et ce en raison de l'indigence des salaires versés aux ouvriers agricoles d'Amérique du Sud. Faut-il persister dans cette voie et livrer une bataille des coûts par avance perdue ? Le pari engagé dans les Antilles françaises rappelle celui proposé un temps aux agriculteurs africains : développez les cultures éligibles aux marchés spéculatifs et gagnez là de quoi vous alimenter. Des régions entières ont ainsi été converties à une agriculture « financiarisée ». Toutes en reviennent, car la leçon des marchés spéculatifs sur les matières premières agricoles est qu'ils profitent d'abord aux spéculateurs et presque jamais aux producteurs.

À la Martinique et en Guadeloupe, les surfaces au sol consacrées à l'agriculture vivrière occupent une part très marginale du territoire. Cultures vivrières et maraîchères sont localisées dans la baie de Fort-de-France à la Martinique et sur la Basse-Terre en Guadeloupe, autour de Vieux-Habitants, de Pointe-Noire de la préfecture Basse-Terre et dans la région de Capesterre-Belle-Eau. *Le retour à la proximité et à la simplicité des modes d'alimentation* impose donc de soutenir les productions vivrières et de promouvoir toutes les productions locales auprès des consommateurs antillais. On trouvera pour le moins étonnant que les consommateurs se plaignent des prix de vente des produits locaux frais, au moment où les deux îles se sont mobilisées contre la cherté des produits importés ! Les écarts de prix de vente s'expliquent par l'inflation qui a frappé ces dernières années les engrais et fertilisants que les agriculteurs antillais importent de France européenne. Les engrais ont doublé et les semences ont subi une inflation de 50 %.

De surcroît, les sols antillais ont été durablement pollués par les traitements au chlordécone, ce pesticide utilisé dans les bananeraies. En raison de ces très graves pollutions, des terres agricoles ont été converties en terrains à bâtir. Du coup, les exploitations agricoles sont passées, en quelques années, de 41 000 à 35 000 hectares en Guadeloupe et de 45 000 à 26 000 à la Martinique. Moins de terres cultivables et des besoins croissants, comment sortir par le haut d'une telle contradiction ? Les solutions sont multiples. Elles passent d'abord par la reconquête de terres agricoles et par une meilleure mutualisation des forces des producteurs. Les agricultures locales ont aussi les défauts de leurs qualités : d'un côté, de très grandes exploitations et des productions très spécialisées, et, de l'autre, de petits paysans dans un paysage morcelé et frappé d'un climat humide et tropical. Michel Barnier a raison d'appeler à *« un très gros travail »* pour réduire la dépendance des deux îles aux productions importées. De tous les chantiers à mettre en œuvre, celui de l'agriculture locale est, à terme, le plus important... mais c'est aussi celui qui demandera le plus de patience !

■ PRENDRE L'INITIATIVE D'UN MARCHÉ COMMUN DES ÉTATS DE LA CARAÏBE

Les départements français d'Amérique sont des territoires riches dans un univers globalement pauvre. Le PIB, c'est-à-dire la richesse produite par habitant, est de quatre à cinq fois supérieure en Martinique que dans l'île voisine de Sainte-Lucie.

PIB par habitant en dollars

Antilles françaises	23 000
Sainte-Lucie	7 000
Trinidad et Tobago	6 923
Rép. Dom	2 535
Cuba	4 500
Haïti	514
Antigua	10 900
Barbade	9 037
Jamaïque	2 992

Les pays de l'arc Caraïbe possèdent toutefois des atouts et présentent l'avantage de vivre dans un espace naturel proche. En élargissant le cercle, on découvre sur la carte des pays potentiellement riches : le Venezuela est un géant des hydrocarbures, le Mexique produit les denrées alimentaires de base, le Brésil est le premier producteur mondial de café, enfin, et ce n'est qu'un exemple de plus, l'Argentine produit de la viande bovine. La France pourrait prendre l'initiative *d'un marché commun de la Caraïbe* sur le modèle du marché commun européen. D'abord un noyau dur de pays fondateurs et un périmètre d'intervention limité aux secteurs les plus développés et les plus utiles aux populations. À cet égard, le cas de l'autonomie économique de la Polynésie-Française est instructif et constitue sans doute un modèle.

Les stratégies de coopération régionale sont toutefois à manier avec prudence et comportent au moins deux limites :

* la coopération régionale n'est durable que si elle est équitable. On comprend la crainte des acteurs économiques antillais qui voient par avance d'un mauvais œil le déferlement de produits à bas prix sur leur marché, en provenance de territoires socialement moins-disants ;

* en second lieu, la proximité géographique ne fait pas tout. Encore faut-il s'assurer que les routes de transport maritime existent, à des prix accepta-bles, entre les Antilles françaises et les deux Amériques. Dans le secteur du transport mari-time, comme dans beaucoup d'autres, ce sont les volumes qui font le prix.

■ TOURISME CONTRE UNE VISION QUANTITATIVE DE LA DÉFISCALISATION

Avec 9 000 emplois, 10 % du PIB et environ 400 millions d'euros de recettes, le tourisme est une acti-vité importante en Guadeloupe. À la Martinique, le paysage économique est comparable. Mais, dans le cas des deux îles, les investisseurs ont développé un tourisme balnéaire de base, adossé à une situation géographique et climatique exceptionnelle. Les plages de sable blanc, les cocotiers, la carte postale a été très à la mode dans les années 1990. Le chic ultime était, à cette époque, de passer Noël aux Antilles.

Sur le terrain économique, les professionnels pouvaient se prévaloir de résultats remarquables : un million de visiteurs par île et par an. Rapidement, pourtant, le modèle a montré ses limites. Les îles françaises ont été concurrencées par les destinations *low cost* de Saint-Domingue ou de Cuba, où les coûts de production étaient très inférieurs. Les produits proposés étaient non seulement meilleur marché, mais ils étaient aussi plus lisibles et plus complets. Sur un marché fragmenté et dans un contexte de défense du pouvoir d'achat, les consommateurs ont acheté des prix et boudé la Martinique et la Guadeloupe, où l'accueil n'était pas toujours de très grande qualité. Pendant plus de vingt ans, le tourisme antillais a vécu sous perfusion de défiscalisation.

Mais la défiscalisation profitait surtout aux chefs d'entreprise habilités à défiscaliser leurs investissements et aux Français les plus fortunés, soucieux de réduire leur contribution fiscale. Au tout début des « lois Pons », les opérateurs pouvaient même défiscaliser les déficits d'exploitation des hôtels et résidences de séjour. Stupide sur le plan théorique et contre-productif en termes d'efficacité économique. Les lois d'exception fiscale n'ont pas tenu toutes leurs promesses. Il faut en finir avec ces défiscalisations sans nuances et sans objet si ce n'est de favoriser les plus riches des contribuables. Pour reprendre une formule appréciée des économistes, le modèle du tourisme antillais a basculé ces dernières années dans la logique d'une croissance appauvrissante. Il faut renouer dans ce secteur avec des logiques vertueuses. *Passer progressivement d'un tourisme de masse peu rémunérateur à un tourisme de valeur ajouté générateur de revenus.*

Tourisme musical, poétique, culturel, littéraire, tourisme d'aventure et de nature ou tourisme agricole, tourisme de sports nautiques ou de sentiers sous-marins, les richesses naturelles et culturelles des îles françaises sont étendues et peuvent être associées à la sécurité sanitaire et médicale de haut niveau offerte par ces territoires. L'économie de projet doit sans attendre succéder à l'économie de guichet qui prévalait jusqu'à l'arrivée de Mme Brigitte Girardin au ministère de l'Outre-mer en 2002. Un plan de reconversion, de formation et de redéploiement stratégique du secteur touristique est urgent. Les pouvoirs publics et les professionnels auront à cœur d'offrir des formations qualifiantes et gratifiantes aux jeunes de ces territoires pour développer non le tourisme, mais des produits touristiques de qualité. La défiscalisation peut être poursuivie, mais il faut modifier son assiette.

Pourquoi, en effet, ne pas défiscaliser les investissements réalisés dans des partenariats public-privé d'instituts de formation aux métiers du tourisme et de l'etourisme ? Pourquoi ne pas défiscaliser les investissements destinés à assurer la mise en œuvre de nouveaux produits à haute valeur ajoutée ? Dans le même esprit, il conviendra, sur ces bases, de rappeler que les Antilles françaises doivent vivre avec leur géographie. Les marchés américains du Nord et du Sud sont à portée de moyen-courriers, et la qualité des infrastructures permet de courtiser les clientèles américaines soucieuses de sûreté et de sécurité. Emblématique et symbolique des économies antillaises, le secteur du tourisme doit entreprendre sa mue et se transformer rapidement, sous peine de devenir inexistant sur un marché mondial riche de propositions.

■ ÉNERGIE : OBJECTIF SOLAIRE À UNE GÉNÉRATION

Les énergies nouvelles ont besoin de la nature pour produire l'électricité du monde de demain. Avec des taux d'ensoleillement parmi les plus élevés et des vents constants, les Antilles françaises devraient pouvoir développer de nouveaux moyens de production d'énergie. La mutation des centrales thermiques n'est cependant pas à imaginer à très court terme. À ce stade, deux énergies naturelles devraient pouvoir être développées progressivement : les éoliennes et la filière solaire thermodynamique. On désigne par « solaire thermodynamique » les techniques qui visent à transformer l'énergie rayonnée par le soleil en chaleur à température élevée, puis celle-ci en énergie mécanique. Il ne faut pas attendre de miracle dans un proche avenir. Cette technique, rodée notamment en Israël et aux États-Unis, est encore en voie d'expérimentation. En revanche, les travaux de recherche menés en France dans le cadre de cette filière devraient profiter prioritairement aux territoires les plus exposés à l'ensoleillement. Il serait judicieux de développer aux Antilles des *laboratoires de recherche* dans ce secteur et de former la jeunesse aux techniques de production d'énergie alternatives.

◼ POUR LA FONDATION D'UN MODÈLE D'ÉCONOMIE POLITIQUE POUR LES ANTILLES

La crise économique, sociale et politique qui s'est développée en Guyane et aux Antilles aurait sans doute éclaté plus tard si la faillite de l'économie mondiale de l'automne 2008 et si l'élection de Barack Obama aux États-Unis ne l'avaient pas suscitée. Je veux laisser aux politologues le soin de réfléchir au cadre institutionnel qui doit évoluer. Les intéressés, c'est-à-dire les Antillais, ont sans doute leur propre idée. En revanche, je trouve un étrange cousinage entre la crise mondiale et celle qui a déferlé sur les territoires de l'outre-mer. Les causes ne sont pas les mêmes, mais ces deux poussées de fièvre ont en commun d'avoir suscité un mouvement de révolte contre les modes de gouvernance. La crise financière a montré comment la planète financière avait perverti le fonctionnement du marché, et, aux

Antilles, la crise a désigné un modèle qui avait survécu aux processus historiques de l'abolition de l'esclavage.

Dans les deux cas, *l'économie politique doit reprendre le pouvoir.* Ne laissons pas l'économie, autrement dit la vie des gens, entre les mains des mathématiciens ou de petits groupes qui défendent des intérêts catégoriels ou familiaux, mais remettons progressivement aux Antilles, comme ailleurs, le pouvoir de la politique au centre du jeu.

Les crises antillaises et le double fond de l'identité

Petit traité de « sociologite » élitaire

Michel Giraud

Centre de recherche sur les pouvoirs locaux
dans la Caraïbe
CNRS/Université des Antilles et de la Guyane

« Rien ne sera plus comme avant. » Durant la crise sociale d'une ampleur exceptionnelle qui vient de secouer les Antilles françaises, cette prédiction s'est fait entendre de toutes parts. Personne ne doit douter qu'elle est inspirée à chacun de ceux qui se risquent à l'avancer par des attentes différentes, voire divergentes, et, en deçà de celles-ci, par des intérêts souvent contraires. Des espoirs et, derrière eux, des soucis distincts, qui sont venus marquer différemment les analyses données de la crise et leur donnent ce parfum, plus ou moins discret mais toujours sensible, de « prendre ses désirs pour des réalités ».

Rien que de banal à faire un tel constat. Et pourtant, il semble déranger. C'est que – de manière attendue, là encore – il vient nettement contredire la prétention de la plupart des analyses en question de dire ce qui serait dans l'intérêt du plus grand nombre – si ce n'est de tous – (le fameux « intérêt général »), prétention à laquelle les auteurs de ces analyses ne sauraient aisément renoncer dès lors qu'ils veulent être entendus au-delà du cercle limité auquel ils appartiennent. C'est cette nécessité pratique pour les discours singuliers ici considérés d'habiller les visions et les enjeux particuliers dont ils sont porteurs des atours d'une unanimité perçue comme incontestable qui fait de la référence à une identité unificatrice – de peuple, de nation ou de race[1] – le procédé obligé de tous ces discours.

---

1. Comme on le sait bien, l'unification en question suppose *ipso facto* une démarcation forte avec d'autres identités du même type : on n'est guadeloupéen que dans la mesure où on n'est pas « métropolitain », martiniquais ou… persan ! De ce point de vue, et à ne considérer que le seul critère « racial » d'identification, il faut connaître et reconnaître que l'opposition aux békés (les Blancs créoles), qui est apparue forte dès le début de la crise, a été un puissant facteur de la coalescence de nombreux Guadeloupéens ou Martiniquais en une sorte d'identité commune de combat. Ainsi, les faits que *tous* les békés ne sont pas des « profiteurs » et surtout que *tous* les « profiteurs » ne sont pas békés n'auront pas été assez têtus pour empêcher que la colère sociale ne se focalise sur l'« ethnie » blanche créole, et ce fort opportunément pour d'autres responsables – moins visibles – de la situation qui a provoqué les crises antillaises.

Nul ne devrait ignorer, au moins depuis la parution de l'ouvrage fondateur de Benedict Anderson[1] sur cette question, que, d'une part, les « communautés », notamment nationales, sont d'abord imaginées avant même d'exister en acte et que, d'autre part, ceux qui sont appelés aujourd'hui les intellectuels (les hommes de science et, encore plus, de lettres), bientôt rejoints par des responsables politiques, des journalistes et nombre d'acteurs sociaux auréolés d'une certaine notoriété médiatique, tiennent une place centrale dans cette fabrication des identités. Or, cependant qu'une foule croissante avait déjà entrepris de battre le pavé des rues de Pointe-à-Pitre ou de Fort-de-France, les élites intellectuelles et même politiques de la Guadeloupe comme de la Martinique continuèrent, dans leur ensemble, pendant longtemps à garder un silence prudent. Comme si elles étaient surprises par un tel mouvement, par son ampleur et encore davantage par son orientation fondamentale, et ce alors qu'elles n'ignoraient certainement rien des éléments objectifs (chômage endémique, précarisation des conditions de vie des plus pauvres, passion consumériste des plus riches, déréliction de pans entiers de la jeunesse...) conspirant à bas bruit, depuis des

---

1. Benedict ANDERSON, *Imagined Communities. Reflections on the Origin and Spread of Nationalism*, London, Verso, 1983 (traduction française : *L'Imaginaire national. Réflexions sur l'origine et l'essor du nationalisme*, Paris, La Découverte, 1996).

lustres, à la mise à feu d'une explosion sociale de grande ampleur aux Antilles.

Plus que de surprise, c'est, nous semble-t-il, de déstabilisation qu'il convient en vérité de parler. Les récents mouvements sociaux antillais ont mis en avant de très nombreuses et très diverses revendications dont la plupart sont, par leur nature même (que d'aucuns jugent hélas trop bassement matérielles), manifestement hors du cahier des charges que dressent les interminables débats statutaires ou identitaires[1] dominant depuis des décennies la vie publique aux Antilles. Dès lors les élites promotrices et actrices de ces débats étaient exposées à un grand risque d'être prises à contre-pied par les mouvements en question.

Ce risque est effectivement devenu réalité dans un certain nombre de cas, plus souvent en terre martiniquaise que sur le sol guadeloupéen (nous tenterons un peu plus loin d'esquisser un début d'explication à cette différence). Ainsi le président du conseil régional de la Martinique, leader de la principale formation politique indépendantiste de l'île, a pris très tôt des distances marquées avec le mouvement de grève que son homologue guadeloupéen, membre du Parti socialiste, n'a pas réellement manifesté et a fait part de manière de plus en plus ouverte de ses désaccords avec le comité de grève martini-

---

1. Y a-t-il lieu d'ailleurs, concernant les Antilles, de distinguer radicalement ces deux types de débats ?!

quais, arguant régulièrement que son action en vue d'une évolution statutaire de la Martinique constituait la seule bonne réponse aux questions posées par le mouvement. Il a même fini par demander la cessation de la grève alors que les grévistes n'avaient pas encore obtenu la satisfaction définitive de leurs revendications.

La principale pierre d'achoppement des reproches que certains membres de l'élite politique ou intellectuelle ont adressés au mouvement populaire réside dans la perception que les premiers ont de ce qu'ils jugent être un « matérialisme » à courte vue du second, et en conséquence son indifférence au devenir du pays. Au point que, par exemple, un intellectuel martiniquais, pourtant remarquable, de nos connaissances a pu, en privé, taxer de poujadisme ce mouvement. Mais, une des paroles les plus révélatrices de cet état d'esprit a été celle de l'écrivain Raphaël Confiant qui, avec la provocante franchise dont il faut souvent le créditer, a dit – à l'occasion de la journée d'émeutes qui en Martinique a défiguré, un temps, une lutte développée dans un calme relatif durant plusieurs semaines – sa sympathie pour *« la Martinique qui travaille »* (celle de producteurs de bananes, venus de leur campagne avec leurs tracteurs à Fort-de-France, et encadrés par quelques représentants de grands planteurs, pour réclamer une reprise des activités) et sa détestation de *« la Martinique qui consomme »* de manière parasitaire (dans l'esprit de l'auteur, les grévistes, nécessairement de la ville). Dans un texte éclairant[1], il a affiché, de manière détaillée, la priorité qu'il accorde à la *« libération nationale »* sur l'égalité en acte des citoyens et a même prophétisé, en des termes très crus, que dans la Martinique ainsi libérée les *« faveurs »* de l'État-providence cesseraient d'exister, confirmant au passage la crainte que la matérialisation politique de ce que nous avons appelé ailleurs[2] une *« souveraineté identitaire »* puisse s'accompagner d'une régression sociale marquée.

Il est vrai que les derniers mouvements revendicatifs antillais, tout en poussant à l'éradication des facteurs de l'inégalité de classe et de « race » et en travaillant *ipso facto* à la promotion sociale du plus grand nombre, à commencer par les plus démunis, n'ont en effet accordé aucune pertinence à la question statutaire et, pour certains de ceux qui y ont participé, ont même explicitement refusé de reconnaître que la souveraineté nationale était leur but. Concernant l'affirmation identitaire, ils s'en sont tenu au service minimum de l'affichage d'un droit éminent de propriété sur la terre natale (la Guadeloupe ou la Martinique « est à nous »), esquissant ainsi un premier pas fondamental mais qui, à

---

1. Raphaël CONFIANT, « Un tracteur qui brûle ou le boomerang de l'histoire », *Antilla*, 5-18 mars 2009, p. 25-27.
2. Voir notre article « Revendications identitaires et "cadre national" » (*Pouvoirs,* n° 1132, avril 2005, p. 95-108). Globalement considéré, cet article tente d'analyser les revendications identitaires antillaises comme des stratégies de prise de pouvoir par les élites locales dans un système social qui resterait fondamentalement inchangé.

l'évidence, ne saurait cependant valoir garantie d'un désir définitif d'indépendance nationale. Et encore, ils ne l'ont pas fait dans la gratuité de l'expression d'un sentiment identitaire que l'on pourrait dire aller de soi, mais en vue de s'opposer à un système de « profitation » dont ils se sont gardés de trop clairement identifier les acteurs (« Nous ne leur laisserons pas faire ce qu'ils veulent chez nous », sans dire précisément qui désignait ce « leur »). Dès lors, comment savoir accueillir une telle dynamique populaire quand on considère que la quête identitaire est l'alpha et l'oméga de la libération ou que, dans des termes plus traditionnellement politiques, on tient l'existence de la nation pour une vérité d'évangile et l'indépendance nationale comme un devoir sacré ?

La chose n'est certes pas aisée, mais elle s'est avérée possible. La preuve en a été apportée par ce que nous tenons pour l'intelligence stratégique exceptionnelle dont ont fait preuve les responsables du LKP en Guadeloupe en ne cessant pas, dans un même souffle, de déclarer qu'ils appartiennent pour la plupart à un syndicat (l'Union générale des travailleurs de la Guadeloupe) qui a inscrit dans sa charte l'objectif de l'indépendance politique de l'île tout en reconnaissant, par ailleurs, que la grande majorité du peuple guadeloupéen n'est pas (encore) favorable à une telle évolution. Et que, donc, pour l'heure, ils se contentent d'encadrer un mouvement porteur d'un formidable potentiel de transformation sociale, mais n'ayant nullement pour objectif, même lointain, une accession à la souveraineté nationale. Élie Domota, le charismatique leader du LKP, n'a eu de cesse de répéter cette position et, encore très récemment, il a déclaré à l'occasion d'un entretien accordé au *Monde* (du 23 mars 2009) que c'étaient les adversaires locaux et métropolitains du mouvement qui reprochaient aux animateurs de celui-ci d'avancer masqués et qui s'ingéniaient à mettre en avant une revendication statutaire que le LKP, pour sa part, ne portait pas : *« Les Guadeloupéens posent le problème de la ségrégation sociale et le gouvernement leur répond évolution statutaire. »*

Nombre d'intellectuels guadeloupéens (nous pensons, au premier chef, à nos amis de la revue *Dérades* ou à certains universitaires historiens) ont inscrit assez résolument leurs pas dans le chemin tracé par le LKP, sans pour autant aligner leurs analyses sur les directives de celui-ci. Il ne semble pas qu'il en ait été exactement de même en Martinique, où les élites paraissent avoir témoigné globalement d'un bien plus grand embarras à soutenir le mouvement initié par le comité de grève du 5 février que leurs homologues de la Guadeloupe à appuyer celui lancé par le LKP, et où, après un assez long moment de silence relatif, des voix se sont élevées pour revenir, dans une certaine ambiguïté, à la partition connue du discours nationaliste ou identitaire. Nous faisons l'hypothèse que cette différence constatée entre les événements survenus dans les deux îles a à voir avec ce qu'est dans chacune la revendication identitaire. Non pas que celle-ci serait plus puissante à la Martinique qu'à la Guadeloupe, mais parce que, dans la seconde, les considérations relatives à l'identité y seraient, selon nous, porteuses d'une signification plus directement politique que dans la première. Ainsi, il nous paraît difficile d'envisager qu'à la Martinique une voix comme celle du philosophe Jacky Dahomay, se tenant au-dessus tout à la fois de la vulgate assimilationniste et de la passion « identitariste », ait pu se faire aussi fortement entendre que cela a été le cas en Guadeloupe, pour qualifier d' « intégrationniste » – sur un ton qui se veut objectif, éloigné de toute apologie comme de tout dénigrement – le mouvement de grève dirigé par le LKP.

Pour assurer le retour à l'identitaire dont nous avons parlé, les voix martiniquaises que nous avons évoquées ont pris appui – ou prétexte, comme on voudra – sur l'argument selon lequel les revendications des grévistes auraient été si nombreuses et d'un éclectisme si « foutraque » qu'elles ne pouvaient manquer de cacher autre chose de plus fondamental que des seules considérations de niveau de vie. Cette autre chose ne pouvant être – mais bien sûr ! – que l'émergence hésitante et encore fragile d'une personnalité propre, et la crise sociale l'expression violente d'un profond malaise identitaire. À moins que cela ne soit une poussée nationale toujours empêchée, alors que pourtant – dit-on – la solution serait déjà à portée de main : le passage du régime politique qui régit la collectivité martiniquaise du dispositif prévu à l'article 73 de la Constitution de la République française à celui envisagé par l'article 74 de cette même Constitution, dont le principe a été récemment voté par les deux assemblées locales réunies en congrès. Et pourtant l'expérience pas si lointaine de la consultation référendaire du 7 décembre 2003 invite à plus de prudence : cette consultation qui portait sur une évolution institutionnelle modeste (celle qui prévoyait, avec l'appui de nombreuses forces politiques locales, la mise en place d'une assemblée unique dans chacun des DOM) avait provoqué dans une large partie des opinions publiques antillaises la peur d'un éloignement irréparable de la loi commune de la République et avait finalement débouché sur un rejet, dans chacun des départements antillais, de la modification proposée. Oublieuse mémoire !

Les faits sont têtus et ceux concernant les orientations des récents mouvements sociaux aux Antilles et aussi l'esprit dans lequel ces mouvements ont été conduits, tels que nous les avons rappelés plus haut, ne le sont pas moins que d'autres. Il ne suffira donc pas de détourner d'eux le regard, par exemple en disqualifiant les analyses qui, plus ou moins adroitement, tentent de démonter les rouages des mécanismes sociaux et de dénouer les fils des dynamiques sociales qui ont conduit aux crises que les deux îles antillaises viennent de connaître pour être quitte de leur évidence. Et il suffira encore moins pour cela d'ironiser sur ces analyses en parlant à leur propos de « sociologite aiguë » (l'expression est de Patrick Chamoiseau[1]). En s'aventurant aussi avant dans la tradition, qui vient de loin, d'abaisser la réflexion scientifique, aussi laborieuse qu'elle puisse parfois être, au profit de la merveilleuse mais infalsifiable intuition poétique, on s'expose au risque d'ouvrir la porte à un nouvel obscurantisme. Tant il est vrai que ce n'est pas dénigrer la poétique en elle-même que de reconnaître que ses essais peuvent avoir des opacités, des « obscures clartés », bien commodes pour habiller des discours d'autant plus séducteurs qu'ils se sont affranchis de la dure nécessité de faire l'administration de la preuve de ce qu'ils avancent.

Il est maintenant temps pour conclure de revenir, encore une fois, à la notion d'identité pour tenter de s'assurer de son contenu. Car il est vrai que l'appréhension correcte de bien des éléments de l'analyse que nous avons présentée à ce propos doit être conquise contre la conception fautive de cette notion qui en fait une réalité figée et qui toujours la range dans l'ordre exclusif de ce qui est nommé la « tradition culturelle ». Or l'examen des identités antillaises témoigne de manière exemplaire, selon nous, que ce n'est pas le cas.

Ces identités sont le produit d'une histoire particulièrement terrible, celle de la colonisation esclava-

---

1. À écouter sur http://www.madinin-art.net/affiche/chamoiseau_entretien_telerama1.htm.

giste. Et c'est dans l'effort titanesque des peuples des Antilles pour sortir de cette nuit et être des hommes libres, égaux en droit aux autres hommes, qu'ils ont constitué ce qu'ils sont profondément mais en le changeant, leur identité. Comme aime à le souligner l'écrivain guadeloupéen Daniel Maximin, ils ne sont pas *« nés de l'esclavage mais de la résistance à celui-ci »*. Leur identité est donc avant tout le fruit d'une histoire de luttes et l'expression d'un choix politique victorieux mais toujours à recommencer, celui de l'égalité républicaine (quelle que puisse être la nation de cette République). De par cette double composante, elle ne saurait être réduite à un état culturel et elle est adaptation permanente à une situation sociale et politique, d'une essentielle labilité. Prétendre la fixer dans une tradition culturelle, c'est la trahir ; vouloir en faire dans son état toujours provisoire le juge du présent et la boussole de l'avenir, c'est la méconnaître. Elle est toujours plus loin que là où elle semble encore être.

Alors, bien sûr, les énormes – à l'échelle des Antilles et pas seulement à celle-ci – mouvements sociaux qui viennent de survenir disent « autre chose » qu'une protestation contre la vie chère. Alors, il est convenable de penser que ce qu'ils disent est de l'ordre d'une certaine identité. Pourvu que soit connu et reconnu que cette identité est d'une étoffe avant tout politique et qu'elle ne saurait être dévoyée dans des combats douteux pour une prétendue authenticité.

Mémoire de l'esclavage, la République en échec !

Serge Romana
Président du CM98 (Comité Marche du 23 mai 1998)

CRISE DANS LES DOM ET MÉMOIRE DE L'ESCLAVAGE

La crise sociétale qui secoua les DOM durant le premier trimestre 2009 a mis en exergue une crise identitaire que l'on croyait enterrée depuis les référendums du 7 décembre 2006[1]. En effet, à côté des revendications salariales, se firent entendre, lors des négociations ainsi que dans les immenses défilés, des mots d'ordre évoquant l'esclavage et l'identité des peuples d'outre-mer. L'épicentre de cette crise ayant été la Guadeloupe, c'est le mouvement social dans ce département qui sera notre référence.

---

1. Le 7 décembre 2006, les Guadeloupéens et les Martiniquais refusent, à l'occasion d'un référendum, tout changement statutaire. En particulier en Guadeloupe, ils sont 72,98 % à voter « non » au changement statutaire, mais seuls 50 % des inscrits se rendent aux urnes.

« À l'occasion d'une séance de négociation, j'ai passé trois heures sur quatre à discuter de l'esclavage », aurait déclaré Yves Jégo à l'occasion de son premier voyage en Guadeloupe en février 2009. Il est vrai que, dès les premières séances de négociations, les termes employés par le représentant du LKP sont imprégnés d'esclavage. *« Les Guadeloupéens, selon lui, seraient principalement des descendants d'Africains mis en esclavage et d'Indiens venus comme travailleurs agricoles après l'abolition de l'esclavage. »* Lors de ces négociations, la cible patronale est principalement les békés – les descendants des esclavagistes. Devant l'arrogance du Medef, le représentant du LKP ne déclare-t-il pas : *« Nous n'allons pas laisser une bande de békés nous remettre en esclavage. »*

Par ailleurs, dans les rues de Pointe-à-Pitre, ce n'est pas le texte « Les 200 euros, nous les aurons » qui fait un malheur mais bel et bien : *« La Guadeloupe nous appartient, la Guadeloupe n'est pas la leur, nous ne leur laisserons pas faire n'importe quoi dans notre pays. »*

Manifestement, c'est avec l'esclavage comme matrice de sens des injustices sociales que les syndicalistes du LKP abordent les négociations. La théâtralisation est à son maximum lorsque les syndicalistes se retrouvent, en présence de toute la presse locale (et donc devant la Guadeloupe tout entière), en face de l'administration préfectorale, composée quasi exclusivement de métropolitains. C'est le moment attendu par Élie Domota pour déclamer l'histoire de la colonisation et de l'esclavage. En rapport de force favorable, il devient alors le leader de tout un peuple pétri dans la honte de l'esclavage et fier de tenir tête à cette administration « monoculturelle » vécue comme étrangère. C'est à ce moment-là qu'Élie Domota devient l'Élu d'un peuple cherchant sa liberté, non pas l'indépendance, mais la liberté de pouvoir dire enfin publiquement au « Blanc », à celui qui serait l'allié des békés – qui ne sont même pas à la table des négociations – ce qui est refoulé depuis toujours. Il s'agit donc bien plus que d'une négociation syndicale. Du 20 janvier au 4 mars 2009, des syndicalistes porte-parole d'un peuple méfiant envers la République se sont retrouvés face à des patrons qu'ils considèrent de connivence, dans la « profitation », avec des représentants de la République.

Comment espérer, dans de telles conditions, une réelle sortie de crise, une discussion constructive ?

La mémoire de l'esclavage serait-elle une barrière infranchissable pour espérer des rapports constructifs entre les peuples d'outre-mer et la République ?

Et pourtant, le 21 mai 2001, la République française avait promulgué une loi dite « loi Taubira », reconnaissant l'esclavage comme un crime contre l'humanité. De plus, suite à cette loi, avait été mis en place, le 10 mai, une journée nationale commémorant les « mémoires partagées de l'esclavage et de leur abolition ».

Les esprits bien-pensants étaient persuadés que ces initiatives allaient pacifier les esprits, calmer les ressentiments. C'est, en effet, Christiane Taubira elle-même qui, à la question de la revue *Esprit* sur l'effet de la « loi Taubira » en outre-mer, répondit : *« On peut considérer que, dans les sociétés d'outre-mer, le compte principal de cette histoire a été réglé. L'impact de la loi s'y fait sentir dans le sentiment de fierté et de légitimité qu'elle a provoqué[1]. »*

À l'évidence, le *« compte de cette histoire est bien loin d'être réglé »*. Clairement, la mémoire de l'esclavage et les ressentiments qu'elle charrie sont bien loin d'être pacifiés. Cent soixante ans après l'abolition de l'esclavage, c'est toute la politique mémorielle liée à l'esclavage de la République qui semble être en échec. L'électrochoc subi par le secrétaire d'État à l'Outre-mer en est le témoin.

Quelle est la politique mémorielle de la République vis-à-vis de l'esclavage. Quels en sont sa genèse et ses objectifs ? Pourquoi est-elle en échec ? De même, quel est le choix identitaire des Antillais ? Entre négritude, identité créole, descendants de nègres marrons ou d'Africains, ils semblent être collectivement en pleine errance identitaire. Ils sont aujourd'hui à la croisée des chemins. Sans choix identitaire clair, ils ne pourront pas effectuer de

----

1. *Esprit,* février 2007, p. 63.

choix politique et économique dans lesquels ils pourront construire un avenir pour leurs enfants. Telles sont les questions abordées dans cet article.

▪ MÉMOIRE DE L'ABOLITIONNISME, MÉMOIRE ASSIMILATIONNISTE

Civiliser les Antillais après l'abolition de l'esclavage, tel est l'objectif de la République en 1848

L'avènement de la République française en 1848 entraîna non seulement l'abolition définitive et immédiate de l'esclavage dans les colonies françaises, mais aussi l'avènement du suffrage universel masculin. Cependant, transformer une colonie à esclaves en *« colonie industrieuse et paisible »*, selon les mots de Tocqueville, et les anciens esclaves en citoyens français ne fut pas chose facile. Il fallut dans un premier temps *« déconstruire le monstrueux »* et civiliser les Antillais. En effet, l'esclavage avait été durant dix générations le seul univers et le principal destin des nègres des colonies françaises d'Amérique et de l'océan Indien. Ces îles furent durant deux cent treize ans (sur trois cent soixante-quatorze années) un lieu de fabrication d'esclaves. La transformation de l'homme libre en esclave fut pensée et appliquée avec méthode. Il existe des textes de colons esclavagistes expliquant la méthode à suivre pour fabriquer des esclaves. Un certain Willie Lynch, planteur de la Barbade, professait en 1712 à ses homologues américains comment faire pour fabriquer des esclaves. Ainsi, après avoir expliqué ses méthodes quasi scientifiques de division de la famille esclave[1], il concluait que « *l'esclave noir, après avoir reçu cet endoctrinement, doit être en mesure de se réalimenter et de se régénérer pendant des centaines d'années, peut-être des milliers[2]...* » On peut pour s'en convaincre lire également les *Conseils d'un vieux planteur aux jeunes agriculteurs des colonies[3]* que le préfet Lescallier s'est empressé de rééditer après le rétablissement de l'esclavage par Bonaparte en 1802.

---

1. « *N'oubliez jamais que vous devez dresser les vieux mâles noirs contre les jeunes mâles noirs, et les jeunes mâles noirs contre les vieux mâles noirs. Vous devez utiliser les esclaves à peau sombre contre les esclaves à peau claire et les esclaves à peau claire contre les esclaves à peau sombre. Vous devez utiliser la femelle contre le mâle et le mâle contre la femelle. Vous devez aussi vous arranger pour que vos serviteurs noirs et vos contremaîtres se méfient des Noirs, mais il est nécessaire que vos esclaves aient confiance et dépendent de nous. Ils ne doivent aimer, respecter et avoir confiance qu'en nous. Messieurs, ce sont les clés pour les contrôler et les utiliser. Arrangez-vous pour que vos femmes et vos enfants les utilisent, ne manquez pas l'opportunité. Mon plan est garanti, et la bonne nouvelle, c'est que si ce plan est utilisé intensément pendant une année, les esclaves eux-mêmes resteront perpétuellement méfiants.* »
2. Willie Lynch, *Letters*, British West Indies, 1712.
3. Poyen Sainte-Marie, *De l'exploitation des sucreries ou Conseils d'un vieux planteur aux jeunes agriculteurs des colonies*, Pointe-à-Pitre, Isle Guadeloupe de l'imprimerie de la République, An XI de la République française (consultable aux archives de la Guadeloupe).

Dès 1830, les abolitionnistes étaient conscients de la construction sociale monstrueuse qui résultait de plus de deux cents années d'esclavage. Victor Schœlcher lui-même en a fait largement état dans son ouvrage majeur, *Des colonies françaises – Abolition immédiate de l'esclavage*. La société esclavagiste est *« une société monstrueuse »*, concluait-il après son dernier voyage dans les colonies françaises en 1841. L'esclave est *« un être moral mutilé*[1] *»*, qui vit *« dans l'abrutissement, au sein d'une déplorable promiscuité, avec un tel oubli de sa nature, qu'il* [ignore] *même son âge »*. Il faisait ainsi écho à Condorcet qui pensait que *« par l'abrutissement contracté dans l'esclavage, par la corruption des mœurs, suite nécessaire des vices et de l'exemple des maîtres, les esclaves des colonies européennes sont devenus incapables de remplir les fonctions d'hommes*[2] *»*.

Le défi posé aux abolitionnistes fut alors d'abolir l'esclavage tout en gardant les colonies viables et prospères. Si Tocqueville s'inquiétait en écrivant : *« Ce qui est à craindre de l'émancipation, ce n'est pas la mort violente de nos colonies, c'est leur dépé-*

---

1. Victor Schœlcher, *Des colonies françaises – Abolition immédiate de l'esclavage*, Pagnerre, 1842. Rééd : Société d'histoire de la Guadeloupe, Société d'histoire de la Martinique, 1976, p. 50-51.
2. Condorcet (sous le pseudonyme de M. Schwartz), *Réflexions sur l'esclavage des nègres*, Neuchâtel, Société typographique, 1781, BNF Gallica, p. 15.

rissement graduel et la ruine de leur industrie[1] » ; Victor Schœlcher, lui, se voulait rassurant en expliquant que « *la fréquentation des hommes civilisés les initiera aux nécessités factices qui soutiennent l'industrie*[2] ».

Il fallait donc que la République trouve une réponse à la difficile question du dispositif à mettre en place pour « civiliser l'esclave » et maintenir la colonie :

* comment extirper de ces hommes et de ces femmes la violence générée par le traumatisme de l'esclavage, la vacuité de l'homme absent ou exclu de la famille matrifocale[3], la division extrême liée aux conditions de vie sur l'habitation esclavagiste ?

* comment extraire de l'esprit de ces êtres la douloureuse hiérarchie des couleurs ?

* comment guérir ces sociétés du ressentiment hérité de ces deux siècles d'esclavage ?

Devant cette tâche immense, Victor Schœlcher proposa d'organiser une « *émigration tropicale par familles* », émigration qui soulagerait la misère ouvrière en France et permettrait de « régénérer » les

---

1. Alexis de TOCQUEVILLE, *Rapport fait au nom de la Commission chargée d'examiner la proposition de M. de Tracy, relative aux esclaves des colonies*, Chambre des députés, 2e session, 1839, Archives nationales, p. 26.
2. Victor SCHŒLCHER, *op. cit.*, p. 283.
3. Cf. Fritz GRACCHUS, *Les Lieux de la mère dans les sociétés afro-américaines*, Éditions caribéennes, 1986.

colonies : *« La régénération des colonies françaises, par l'abondante infusion de jeune sang des émigrés dans les veines de ces corps plus malades que caduques, se lie à l'affranchissement des Noirs, et viendra lui porter un efficace secours[1]. »*

Les mesures prises par le gouvernement provisoire de la IIe République, sous l'impulsion de Victor Schœlcher, furent révolutionnaires pour l'époque. Outre l'abolition de l'esclavage – réalisée par tous les pays esclavagistes au cours du XIXe siècle –, les ex-esclaves de sexe masculin allaient devenir, sans phase d'apprentissage, des citoyens français, accédant ainsi à l'égalité civique immédiate avec l'ensemble des hommes français, dont leurs anciens maîtres. La République, ce faisant, était en accord avec ses principes fondateurs.

L'accession à la citoyenneté s'accompagna d'une série de dispositions – l'instruction populaire, la conscription, la propagande pour la famille patriarcale... – conçues pour tenter de réparer les dysfonctionnements de ces sociétés nées de l'esclavage. L'une de ces décisions prises par le gouvernement fut la mise en place d'un dispositif visant à organiser l'oubli de la période esclavagiste.

____

1. Victor SCHŒLCHER, *op. cit.*

Oublier l'esclavage pour construire les sociétés post-esclavagistes

L'oubli fut le socle idéologique sur lequel devait reposer la construction harmonieuse des sociétés coloniales post-esclavagistes. Seul l'oubli pouvait, selon les abolitionnistes, permettre de guérir les haines accumulées durant l'esclavage et aider à sublimer le monstrueux préjugé de couleur. Il ouvrait ainsi la voie à la « fusion » des groupes socio-ethniques imaginée par Victor Schœlcher. L'oubli était prôné tant en France que dans les colonies :

- pour le gouvernement provisoire de la IIe République, l'esclavage était un *« attentat à la dignité humaine »*, une *« souillure »* dont il fallait *« purifier »* les colonies, mais aussi, et surtout, la France[1]. Pour Victor Schœlcher, *« entre la France et l'esclavage, il y a un combat à outrance : la France ne quittera les armes que le jour où les Noirs seront véritablement libres »*. Il fallait tout faire pour effacer cette « souillure » qui jetait le discrédit sur le passé de la nation et les principes fondateurs de la République. Pour nombre de Français, l'esclavage pratiqué par leur pays, patrie des Droits de l'homme, était une honte. L'avis de Xavier Tanc, juge de paix à la Guadeloupe en 1832, à ce sujet est édifiant : *« Les lois ne doivent point consacrer des massacres, des mutilations, ou des assassinats politiques, et la nation, au nom de*

---

1. *Idem*, p. 374.

laquelle se commettent tant d'atrocités, amasse contre elle une éternelle ignominie[1]. » Qu'elle était lourde, cette culpabilité qui persiste encore ! La solution adoptée par le gouvernement français fut donc de *« raturer l'esclavage »* et d'*« élever les colonies à la hauteur de la métropole »* ;

- l'oubli était aussi fondamental pour les hommes de couleur libres qui, avant 1848, formaient un groupe intermédiaire, essentiellement mulâtre, entre les Blancs et les esclaves nègres. Ils conçurent l'oubli comme une « thérapeutique » qui devait leur permettre d'accéder à la civilisation. Après 1848, ces élites allaient tout faire pour prouver leur humanité en se démarquant de la masse des nègres nouvellement affranchis, englués, selon eux, dans des pratiques culturelles dégradantes (familles matrifocales, langues créoles, musiques, cosmogonies...).

L'oubli de l'esclavage a donc été « *posé comme un enjeu politique, comme un élément fondateur de la société issue de la servilité*[2] ». Pour la République et l'élite de « couleur », l'histoire de l'humanité devait commencer aux colonies avec l'abolition de l'esclavage. Les « fêtes Schœlcher » furent instituées

---

1. Xavier TANC, *Les Kalmankious : des magistrats indésirables aux Antilles en temps d'abolition*, Caret, 1998, p. 30.
2. Myriam COTTIAS, « L'"oubli du passé" contre la "citoyenneté" : troc et ressentiment à la Martinique (1848-1946) », in *1946-1996. Cinquante ans de départementalisation outre-mer*, Paris, L'Harmattan, 1997, p. 293-334.

comme un rituel rappelant cette fondation. Victor Schœlcher, l'athée, allait être élevé au rang de divinité : *« Gloire au plus haut des cieux à Victor Schœlcher, le libérateur de la France et l'émancipateur de la Race noire ! Gloire au plus haut des cieux à la France, patrie de l'apôtre du Vrai, du Beau et du Bien ! Gloire au plus haut des cieux aux membres de la race noire, et à tous ceux qui, sans distinction de race et de classe, ont dans leur cœur le culte de Victor Schœlcher et professent, peut-être sans le savoir, la belle et pieuse religion schœlchérienne, religion du Vrai, du Beau et du Bien ! Oui, Victor Schœlcher, nous te louons comme un Dieu ! Oui, notre âme te glorifie comme son maître*[1]. »

La politique mémorielle vis-à-vis de l'esclavage de la République française se basera donc sur les équations suivantes : abolition de l'esclavage (liberté) = République française = civilisation = humanisation. L'humanité du monde antillais, guyanais, réunionnais naissait donc avec l'abolition. Cette politique mémorielle, liée à la nécessité de la francisation et du maintien des colonies, n'avait de sens que dans les départements d'outre-mer. En France métropolitaine, point de mémoire de l'esclavage, point de commémoration de l'abolition de l'esclavage, point de mythe de Victor Schœlcher. Parce qu'il n'y avait aucun enjeu mémoriel national autour de l'escla-

---

1. Discours prononcé à Basse-Terre le 21 juillet 1935, jour de la Saint-Victor, par Jean-Louis Jeune et qui parut dans *La Revue mondiale* en 1935.

vage, il n'y eut, durant cent cinquante ans, aucune célébration officielle de la mémoire de l'esclavage en France hexagonale.

■ GRANDEUR ET DÉCADENCE DE LA MÉMOIRE ABOLITIONNISTE RÉPUBLICAINE

Les premières commémorations de l'abolition de l'esclavage furent décidées en 1983 par François Mitterrand (en remplacement des fêtes Schœlcher). Elles s'inscrivirent dans la même logique assimilationniste pour aboutir en 1998, à l'occasion du cent cinquantenaire de l'abolition de l'esclavage, au fameux et désormais célèbre slogan : « Tous nés en 1848 », proposé par le gouvernement aux populations descendantes d'esclaves.

1980-1998 : répondre au nationalisme antillais

L'arrivée de la gauche en 1981 allait changer dans les DOM la politique française quant à la mémoire de l'esclavage, du moins en apparence. En 1981, François Mitterrand, lors de la cérémonie organisée au Panthéon à l'occasion de son élection, dépose une rose sur la tombe de Victor Schœlcher. Surpris, les journalistes et l'ensemble des téléspectateurs découvrent, ce jour-là, le nom du grand abolitionniste dont on chante les louanges aux Antilles depuis 1848, mais qui est totalement inconnu en métropole.

François Mitterrand a de la suite dans les idées, car, deux ans plus tard, le 30 juin, il promulgue la loi n° 83-550 du 30 juin 1983 relative à la commémoration de l'abolition de l'esclavage. Selon cette loi, un jour férié sera accordé aux populations des DOM pour célébrer l'abolition de l'esclavage. Le décret d'application à cette loi[1] fixa les dates de commémoration dans les DOM[2]. Fait nouveau, le décret ajoute *« que le 27 avril de chaque année ou à défaut, le jour le plus proche, une heure devra être consacrée dans toutes les écoles primaires, les collèges et les lycées de la République à une réflexion sur l'esclavage et son abolition[3] »*. Cette loi et ce décret furent une réponse des gouvernants de la République à l'essor des mouvements nationalistes antillais (occupations de terre, bombes...). Ces derniers avaient construit la geste nationaliste sur les actes de résistance des nègres marrons ou des commandants des armées anti-napoléoniennes de mai 1802 (Delgrès, Ignace...) considérés comme des héros anticolonialistes. Cette réponse envoyée aux nationalistes fut astucieuse : *« Les luttes des esclaves contre l'esclavage ne furent pas des luttes pour l'indépendance. Bien au contraire, elles font partie du combat républicain ; lutte antiesclavagiste et combat pour la République*

---

1. Décret n° 83-1003 du 23 novembre 1983.
2. En Martinique et en Guadeloupe, ces dates sont liées à des soulèvements : le 22 mai en Martinique et le 27 mai en Guadeloupe. En Guyane et à la Réunion, le 10 juin et le 21 décembre, dates d'arrivée par bateau du décret d'abolition, seront choisis.
3. Article 2 du décret n° 83-1003.

ne forment qu'une seule et unique entité. » Cette stratégie éclatera au grand jour à l'occasion du cent cinquantenaire de l'abolition de l'esclavage en 1998.

1998, « Tous nés en 1848 »

1848-1998 : cent cinquante ans. Lionel Jospin veut se saisir de cet anniversaire pour lancer une vaste opération sur les vertus intégrationnistes de la République. Ainsi, 1998 sera déclarée année du cent cinquantenaire de l'abolition de l'esclavage. Une mission interministérielle est créée pour l'événement. Elle est dirigée par Daniel Maximin, romancier guadeloupéen bien connu. L'événement devait être d'une ampleur nationale. Son apogée est fixé autour de la date anniversaire du décret d'abolition de l'esclavage par le gouvernement provisoire de la IIe République, le 27 avril. C'est le président de la République Jacques Chirac, en personne, qui ouvre les festivités à l'Élysée, le 23 avril. Il est suivi par Laurent Fabius, président de l'Assemblée nationale, qui inaugure, le samedi 25 avril, l'exposition « Déchaîne ta citoyenneté » (tout un symbole) avec, évidemment, un concert d'artistes antillais. Le dimanche 26 avril, le gouvernement effectue un pèlerinage passant par Champagney (un petit village, en Haute-Savoie, de Français modèles ayant mis dans leur cahier de doléances le souhait que l'esclavage soit aboli), puis par Fessenheim (village natal, dans le Haut-Rhin, du père de Victor Schœlcher) pour finir au fort de Joux, là où Bonaparte avait fait torturer à mort Toussaint Louverture. Le pèlerinage s'achève, comme il se doit, par un grand concert à Champagney organisé par les Francofolies. Le lundi 27 avril est déclaré journée nationale. Deux plaques sont posées au Panthéon en l'honneur des deux plus célèbres victimes caribéennes de Bonaparte : Toussaint Louverture et Louis Delgrès. Enfin, une séance solennelle se tient au Sénat le mardi 28 avril en mémoire de sénateurs, illustres combattants pour les Droits de l'homme : l'abbé Grégoire, Victor Schœlcher et Gaston Monnerville. D'autres manifestations nationales eurent lieu toute l'année. Différents partenaires, privés comme publics, furent associés à l'initiative gouvernementale afin que l'événement puisse avoir la dimension espérée. À titre d'exemple, citons Publicis, les afficheurs Dauphin, Avenir et Giraudy, L'Affiche européenne, Air France, les affréteurs de bateaux, Sodexho Guyane, Les Bateaux parisiens, et la SNCF.

Le plan média associa en outre toutes les chaînes de télévision et les radios nationales. Dispositif puissant pour tenter de marteler un message principal exprimé dans la présentation de la manifestation du samedi 25 avril à l'Assemblée nationale : *« L'Assemblée nationale célébrera le 25 avril prochain l'une des plus grandes dates de l'histoire de la République. À travers la commémoration du décret d'abolition de l'esclavage, ce sont les valeurs démocratiques fondatrices de la République : l'égalité, l'intégration, la fraternité et les libertés que la représentation nationale, expression du suffrage universel né en 1848, choisit de célébrer. »* Cette philosophie fut résumée par le slogan : « Tous nés en 1848 » placardé sur 3 000 panneaux. Cette commémoration de 1998 fut donc une vaste opération gouvernementale de propagande principalement en direction des originaires des DOM et des populations émigrées originaires des ex-colonies françaises d'Afrique qui commençaient à revendiquer une place dans la République. Il fallait démontrer que la République avait été capable d'intégrer ses enfants ex-esclaves et avait réussi à les sortir de la barbarie. En 1998, séduit par les chantres de la créolité, le gouvernement, par la voix du ministre de la Culture Catherine Trautman, n'hésitera pas à expliquer que *« l'esclavage des Noirs en Amérique a été un crime contre l'humanité... Pourtant, ce crime n'a pas accouché de la mort. L'histoire de l'abolition de l'esclavage en Amérique et dans l'océan Indien, c'est l'histoire d'un crime qui a été vaincu. C'est l'histoire d'une résistance qui n'a pas seulement préservé des survivants de la barbarie, mais qui se trouve à l'origine de Nouveaux Mondes qui, depuis un siècle, constituent l'un des ferments d'une culture métisse qui apparaît bien, aujourd'hui, comme l'un des plus puissants modèles d'avenir pour l'humanité ».* La République avait donc été capable de donner naissance à de nouveaux peuples qui étaient, par leur métissage dans le cadre de la République, l'avenir de l'humanité. CQFD... Les Chinois n'ont qu'à bien se tenir, les Antillais arrivent !

Quant aux nationalistes, leurs héros avaient été transformés en combattants de la République. La République les avait mangés, absorbés, digérés et intégrés. La messe était dite… en théorie. L'année 1998 se devait d'être le triomphe de l'idéologie assimilationniste. Esclaves, êtres déshumanisés (selon les expressions de Victor Schœlcher) devenus soudain des modèles de résistance, ayant, grâce à la République, surmonté la barbarie pour devenir le futur de notre Monde. Bref, des surhommes ! À coup sûr, des exemples à suivre pour les nouveaux Français issus de l'immigration africaine.

Et pourtant, l'initiative gouvernementale de 1998 fut un grand flop, un gigantesque bide. Car il n'aura manqué à cette commémoration que… les descendants d'esclaves et leurs associations. Le cent cinquantenaire fut une commémoration pensée et organisée par la République pour célébrer, une fois de plus, la République et son œuvre bienfaitrice. Mais, étrangement, alors que la ministre de la Culture affirmait que *« l'esclavage des Noirs en Amérique a été un crime contre l'humanité*[1] *»*, la mémoire des victimes de ce crime ne fut pas honorée. L'État, qui trois ans plus tôt s'inclinait officiellement devant la mémoire des victimes de la Shoah[2], ignorait subtilement les victimes de l'escla-

---

1. Conférence de presse du 7 avril 1998.
2. Le 16 juillet 1995, date d'anniversaire de la rafle du Vél' d'Hiv, le président de la République Jacques Chirac reconnaît le rôle de la France dans la déportation des Juifs vers les camps d'extermination.

vage. Il est vrai que l'on nous avait expliqué que leur lutte pour la liberté, l'œuvre abolitionniste et la politique républicaine post-1848 avaient transformé leurs descendants en modèle pour l'humanité entière : *« C'est en ce sens que l'histoire de l'esclavage et la constitution des identités créoles apportent un éclairage et un exemple précieux à la définition et à l'exercice de la citoyenneté et des droits de l'homme dans la France d'aujourd'hui*[1]. *»*

Alors, pourquoi parler de victimes, pourquoi s'incliner en mémoire des victimes ? En fait, la majorité des Antillais présents en 1998 sur le territoire métropolitain se seraient demandé, s'ils avaient été présents aux « grandioses manifestations célébrant l'abolitionnisme », si c'étaient d'eux dont on parlait ? Eux qui avaient été obligés de venir en France dans les années 1970 pour cause d'industrie sucrière en ruine, eux qui étaient devenus des fonctionnaires de catégorie C dans les administrations de la région parisienne. Mais, étaient-ce bien des Antillais que l'on désignait comme modèles d'intégration alors qu'ils participaient peu aux consultations électorales nationales (en métropole comme dans leur pays d'origine) ? Était-ce vraiment de nous dont Catherine Trautman parlait lorsqu'elle affirmait que notre identité culturelle *« avait comme matrice la résistance de l'esclave »* ? Il était vraiment difficile de nous reconnaître dans les envolées de la ministre de la Culture,

---

1. « Tous nés en 1848 », Cent cinquantième anniversaire de l'abolition de l'esclavage, Dossier d'information.

quand nous évitions de prononcer dans nos familles le mot « esclavage », ce mot porteur de tant de souvenirs douloureux, de honte, de souffrance, d'humiliation ? Il fallait vraiment une bonne dose d'ignorance de ce qu'était le monde des descendants d'esclaves pour prononcer de telles paroles sur leur identité.

C'est cette totale méconnaissance du monde antillais, en particulier des enfants du Bumidom, qui entraîna le gouvernement à commettre une erreur majeure lors de l'organisation des cérémonies du cent cinquantenaire : il écarta les associations antillaises des préparations des célébrations de l'année 1998. Les descendants d'esclaves étaient conviés à être des spectateurs aux festivités républicaines célébrant une histoire dont ils commençaient à revendiquer la place principale : celle d'acteurs. Tout au plus, ils auraient le rôle de musiciens, de conteurs… bref d'amuseurs des Princes de la République !

Pourtant, de 1998, seule une manifestation qui ne figurait pas sur le calendrier des manifestations nationales resta dans les mémoires. Ce fut la Marche silencieuse des 40 000 du 23 mai 1998 dans laquelle on pouvait lire sur des banderoles : « Tous nés en 1848 = révisionnisme » ou encore : « Nous sommes des filles et fils d'esclaves ». Après cent cinquante ans de honte, les Antillais osaient affirmer pour la première fois de leur histoire qu'ils étaient fiers de leurs aïeux, qu'ils étaient fiers d'être des filles et fils d'esclaves. Le mythe fondateur de 1848 proposé aux descendants avait été contesté l'année même où il devait faire un triomphe.

■ L'ÉCHEC DE LA POLITIQUE MÉMORIELLE ABOLITIONNISTE DE LA RÉPUBLIQUE

Le 21 mai 2001, suite à la marche du 23 mai 1998, la République promulgua la loi dite Taubira reconnaissant la traite et l'esclavage des nègres crime contre l'humanité, et le 10 mai fut déclaré Journée nationale des mémoires de la traite, de l'esclavage. Pourtant, la loi continue d'ignorer les victimes guadeloupéennes, guyanaises, martiniquaises et réunionnaises de l'esclavage. De même, elle ne reconnaît pas les préjudices liés à l'esclavage et, de ce fait, refuse d'envisager des réparations. En fait, la mémoire de l'esclavage est utilisée pour tenter de renforcer l'unité nationale. Françoise Vergès, présidente de la Commission pour la mémoire de l'esclavage, l'explique clairement : *« Le choix politique de la commémoration d'un fait historique répond à deux logiques complémentaires. Il s'agit, d'une part, de conforter la cohésion nationale autour de valeurs communes à la majorité des citoyens… et, d'autre part, d'intégrer à la nation des catégories de citoyens qui se considéraient jusqu'à présent en dehors de son histoire. La loi dite Taubira réunit, à nos yeux, les deux logiques : elle conforte la cohésion nationale et intègre l'histoire négligée et margi-*

nalisée de citoyens issus des régimes esclavagistes qui est, pour nous, l'histoire de la France. Elle n'est en aucun cas l'histoire des ultramarins, ni même l'histoire des descendants d'esclaves ou des négriers, mais l'histoire de toute la France[1]. » Mémoire assimilationniste durant cent cinquante ans dans les DOM, elle le devient aujourd'hui pour les populations issues de l'émigration. C'est la mémoire de la France universelle des Droits de l'homme qui doit montrer, toujours selon Mme Vergès, l'exemple au reste du monde[2]. Il y a ici une double erreur. Premièrement, on ne doit pas confondre histoire et mémoire. En effet, si l'histoire de l'esclavage est une histoire nationale et internationale, la mémoire de l'esclavage n'existe que chez les protagonistes de cette histoire. En particulier la mémoire douloureuse et honteuse de l'esclavage n'est portée que par les descendants d'esclaves. En aucun cas le Breton n'est dépositaire de cette mémoire. C'est cette mémoire honteuse qui est la source du ressentiment à l'égard de la République qui existe chez les descendants d'esclaves. En ne reconnaissant pas spécifiquement la souffrance des victimes de l'esclavage dans les

---

1. Françoise VERGÈS, présidente du Comité pour la mémoire de l'esclavage, *Rassembler la Nation autour d'une mémoire partagée*, Mission d'information n° 1262, Assemblée nationale, 2008, p. 365.

2. *« À ce jour, la France est le seul État au monde à avoir voté une telle loi et pris un décret instituant une date de commémoration nationale des mémoires de la traite négrière, de l'esclavage et de leur abolition. Cette loi a une très grande portée en Europe et dans le monde, beaucoup d'États et beaucoup de peuples sont intéressés par ce geste »*, Françoise Vergès, *op. cit.* p. 368.

DOM, en n'honorant pas spécifiquement leur mémoire, nos dirigeants ne permettent pas aux descendants d'esclaves de sortir d'une victimisation toujours plus importante. C'est cette victimisation qui lui revient aujourd'hui avec le mouvement social en Guadeloupe.

Deuxièmement, la question de l'esclavage ne peut être réduite à un problème mémoriel. En effet, l'esclavage étant le temps de fondation des sociétés domiennes, l'identité des peuples des DOM en porte les stigmates. Et c'est cela qui est insupportable. Ne jamais parler de victimes, de stigmates ou de préjudice de l'esclavage, telle sera la logique de nos gouvernants et de nos intellectuels. Présenté par Victor Schœlcher comme un être mentalement mutilé, l'esclave donna naissance, grâce à la République et à ces dispositifs mis en place en 1848 (le mariage, l'école, la citoyenneté...), à un citoyen modèle, avenir de l'humanité, un vrai succès de la colonisation française. Force est de constater que seule une minorité d'Antillais, héritiers des hommes de couleur libres, sortit de l'esclavage en s'affiliant et en s'intégrant aux valeurs de la République. Par contre, une grande partie de la population de la Guadeloupe et de la Martinique (en particulier celle des campagnes, celle qui migra en France dans les années 1960) resta attachée à l'habitation et à ses désordres. Elle se fracassa devant les dispositifs mis en place en 1848 : *« À la très grosse majorité de la population, l'école agit en force frustrante et culpabilisante*[1]. »

Destinée à civiliser les Antillais, la politique républicaine enkysta le ressentiment. Ayant peur de ce dernier, craignant le séparatisme antillais, la République s'arc-boute toujours sur ses principes. Elle a des difficultés à parler des « victimes de l'esclavage ». Elle ignore, dans l'article Ier de la « loi Taubira », les victimes antillaises, guyanaises et réunionnaises de l'esclavage colonial. Elle refuse d'admettre que ces sociétés issues de l'esclavage en portent les stigmates (dysfonctionnement des familles matrifocales, trouble d'affiliation et, de ce fait, trouble identitaire...).

Aujourd'hui, elle n'a plus le choix, elle doit accepter de reconsidérer sa politique mémorielle. Elle doit renoncer à « l'autoglorification » et au mythe d'une mémoire partagée. Si elle ne le fait pas, elle accroîtra le fossé qui existe entre elle et les habitants des départements d'outre-mer.

■ RÉPUBLICAINS ET NATIONALISTES, « *MENM BET MENM PLÈL*[2] » ?

À la décharge de la République, l'attitude des Antillais descendants d'esclaves vis-à-vis de l'escla-

---

1. Richard D.E. BURTON, *La Famille coloniale – La Martinique et la mère patrie*, Paris, L'Harmattan, 1994, p. 111.
2. « Blanc bonnet bonnet blanc ».

vage a toujours été durant de très nombreuses années des plus confuses. Pour la grande masse des Antillais, l'esclavage est une période dans laquelle il n'y a rien de bon à prendre. La sagesse populaire veut qu'il faille oublier cela. Durant deux cent treize années, les esclaves ont tout fait pour sortir de l'esclavage. Une minorité s'en est sortie par le métissage ou les bons services rendus aux maîtres[1]. L'esclavage est donc une horreur qu'il faut fuir. Qui ne comprendra pas qu'une mère qui s'est sacrifiée pour acheter sa liberté ou qui l'a acquise grâce aux liens qu'elle a su établir avec le maître puisse vouloir que sa progéniture fréquente des esclaves ? Qui peut sincèrement penser que la période esclavagiste aurait pu être après 1848 une référence dans laquelle sera puisée de la fierté ? Divisés dans les familles selon la couleur de la peau, selon la réussite scolaire, selon l'identité du père, montrés du doigt parce que leur *« français pa ka monté monn[2] »*, les descendants d'esclaves n'ont spontanément aucune fierté à dire qu'ils sont descendants d'esclaves. Il n'y a *a priori* aucun élément à ritualiser et, de ce fait, l'oubli jouera son rôle. Les grands-parents esclaves seront progressivement ignorés et il n'y aura aucune possibilité d'affiliation à des ancêtres dont on pourrait être fiers. Cette situation est aggravée par le

---

1. Frédéric RÉGENT, *Esclavage, métissage, liberté – La Révolution française 1789-1802*, Paris, Grasset, 2004
2. Littéralement : « Leur français ne monte pas les mornes », c'est-à-dire leur français n'est pas correct.

système matrifocal des familles antillaises, dans lequel des X surgissent très rapidement lorsque l'on s'intéresse à la famille paternelle. Et c'est à cette population sans affiliation à ses aïeux, ne connaissant pas l'origine des noms patronymiques qu'elle porte, honteuse de son histoire, charriant une atteinte de l'estime de soi considérable, que la République professe l'universalité.

C'est avec l'éclosion des mouvements nationalistes antillais qu'une mémoire de l'esclavage différente de celle enseignée par la République se fait entendre dans les DOM. En effet, à partir des années 1970, sous l'impulsion des mouvements nationalistes, le nègre marron, esclave rebelle, ainsi que les héros des révoltes et des guerres anti-esclavagistes sont érigés en emblèmes de la lutte anticoloniale. Leur mémoire est alors célébrée lors des journées de commémoration de l'abolition de l'esclavage accordées à chaque département français d'outre-mer, par le décret n° 83-1003 du 23 novembre 1983, sous le gouvernement de Pierre Mauroy. Néanmoins, la mémoire de la résistance à l'esclavage, brandie comme porte-drapeau d'un combat ou d'une identité, ne permet pas de surmonter une répulsion quasi collective à évoquer un passé douloureux et honteux, chargé de ressentiments et de violence. L'effort de mémoire est donc toujours contrebalancé par une volonté d'oublier.

Quant au fond, les intellectuels nationalistes tout comme nos gouvernants républicains actuels mettent en exergue la figure du nègre marron et des résistants pour espérer donner aux descendants d'esclaves de la dignité. Nationalistes comme républicains ne supportent pas l'esclave, tel qu'il est, c'est-à-dire l'être fracassé par l'esclavage. Ils ne comprennent pas que les identités des sociétés antillaises sont profondément marquées par les stigmates de l'esclavage et que toute tentative de donner de la dignité à une population en dehors de sa réalité anthropologique n'est que pure illusion et ne peut que conduire à l'échec. D'un coté, il est tellement peu crédible pour un descendant d'esclave de s'entendre traiter « d'avenir du monde » (d'où l'échec de la créolité dans les milieux populaires et le peu de considération populaire pour les commémorations officielles du 10 mai). De l'autre, présenter les Antillais comme des descendants de nègres marron (ce qui ne correspond à aucune réalité historique), c'est également faire preuve d'idéalisme. Cela risque d'augmenter le ressentiment et de rendre impossible tout dialogue avec la République.

■ FRANÇAIS DESCENDANTS D'ESCLAVES

Des identités hors réalités

Descendants d'esclaves n'est pas une réalité génétique. Les Antillais sont pour leur immense majorité des métis. Mais nous sommes des « métis nés dans l'esclavage ». Quelle que soit la couleur de notre peau, nous portons en nous les stigmates de cette société. Cela vaut autant pour mes grands-mères Juliette et Adélaïde nommées en 1848[1] que pour Marie-Aceline, la mulâtresse, qui déshérita son fils Charles parce qu'il venait de se marier avec Zélie, la négresse, fille d'Adélaïde. D'une façon ou d'une autre, nous sommes tous porteurs de cette honte de n'être que des descendants d'esclaves, que l'on soit intellectuels ou non, nous sommes pour l'immensité d'entre nous issus de familles matrifocales (même lorsqu'elles ont l'aspect de familles patriarcales), nous avons tous besoin de cette liberté intérieure, de cette fierté que nous confondons régulièrement avec l'indépendance.

Alors, nous nous inventons des identités magnifiques.

Pour certains, nous sommes créoles : « *Agrégat interactionnel ou transactionnel, des éléments culturels caraïbes, européens, africains, asiatiques, levantins que le joug de l'Histoire a réuni sur le même sol.* » Situation difficile à appréhender, car « *seule la connaissance poétique, la connaissance romanesque, la connaissance littéraire, bref la connaissance artistique, pourront nous déceler, nous percevoir, nous ramener évanescents aux réanimations de la conscience* ». Nous attendons donc que les écrivains nous révèlent cette identité parfois tourmentée

---

1. En 1848, les esclaves qui n'avaient comme identité qu'un prénom et un matricule ont reçu après l'abolition un patronyme, qui est aujourd'hui le nom de famille de la majorité des Antillais.

avec des « moi » se battant entre eux ces derniers mois.

Pour d'autres, nous serions des descendants d'Africains, voire des Africains directement en connexion avec les pharaons. Ici également, on tente de gommer la réalité de la construction anthropologique de l'esclave. L'esclavage ne serait qu'un détail de l'histoire considéré comme une période catastrophique qu'il faudrait oublier pour pouvoir s'affilier directement à l'Afrique.

Pour la plupart des Antillais descendants d'esclaves, ces identités sont à mille lieues de les influencer, de les transformer, car elles sont tellement loin de ce qu'ils sont. Ces théories identitaires n'expliquent en rien ni comment ils vivent ni leurs dysfonctionnements. Et de ce fait, ne leur donne pas de fierté, sauf lors d'un éphémère mouvement social où le *nèg mawon* resurgit. Mais il disparaîtra, comme à son habitude, car nous ne sommes pas, n'en déplaise à certains, des Saramaka, c'est-à-dire des sociétés issues de *mawon*.

Construire l'identité de descendants d'esclaves, l'expérience des Antillais vivant en France hexagonale

Le 23 mai 1998, 40 000 femmes et hommes, des Antillais dans leur immense majorité, venus en famille de la région parisienne et de la province, inondent le boulevard Voltaire, marchent de République à Nation sans clamer de slogan, sans appeler à la vengeance, et signent des pétitions pour que l'esclavage soit reconnu crime contre l'humanité. Cinq mille signatures sont recueillies. Ce jour-là, bon nombre de descendants d'esclaves ont eu le sentiment de restituer à leurs grands-parents leur dignité violée et leur statut d'être humain.

Cette expérience d'affiliation nous a démontré :

- qu'une stratégie d'affiliation des Antillais à leurs aïeux esclaves est possible ;

- qu'elle est capable de générer de la dignité et de l'unité dans ce groupe humain profondément meurtri et divisé ;

- qu'elle peut s'effectuer en dehors de tout contexte des luttes politiques traditionnelles opposant départementalistes, autonomistes et indépendantistes.

Fort de cette expérience, le CM98 est créé en octobre 1999. Sous l'impulsion de Viviane Romana, psychologue spécialisée en ethnopsychiatrie, l'association organise alors plus d'une centaine de débats publics sur le fonctionnement des sociétés issues de l'esclavage[1], met en place des groupes de parole, impulse la recherche généalogique. La méthode est de repérer des récurrences dans le fonctionnement des familles antillaises. Ces récurrences repérées permettent de pointer du doigt le système dont

---

1. Données disponibles sur le site du CM 98 : www.cm98.org.

l'origine remonte à l'esclavage. Ainsi, des milliers d'Antillais se découvrent descendants d'esclaves, non par des cours d'histoire, mais par la compréhension de leur souffrance actuelle. Cette identité est renforcée par un travail d'aide psychologique et éducatif au sein du Centre d'aide aux familles matrifocales et monoparentales (Cafam) et par un travail généalogique de grande envergure effectué par l'Atelier de généalogie et d'histoire des familles antillaises. Par ailleurs, comme il n'existe pas de mémoire sans ritualisation, le CM98 impulse la tenue, tous les 23 mai, d'une journée en mémoire des victimes de l'esclavage colonial.

Il s'agit donc ici d'une démarche identitaire nouvelle dont l'objectif est de s'affilier aux esclaves, ces êtres mutilés dont parlaient les abolitionnistes. Cette démarche en redonnant de l'Humanité aux esclaves en partant de ce qu'ils étaient, en leur permettant d'être les parents de leurs descendants, permet de réaffilier les Antillais. L'Antillais ainsi affilié sort progressivement de l'errance identitaire et apprend à valoriser ses aïeux esclaves en tant que survivants de crime contre l'humanité. C'est ce que démontrent les rassemblements du 23 mai depuis l'an 2000, auxquels participent régulièrement de 5 000 à 10 000 personnes.

■ FRANÇAIS DESCENDANTS D'ESCLAVES : UN COMBAT POUR UNE NOUVELLE RÉPUBLIQUE

Mais l'aspect le plus important de ce choix identitaire est qu'il permet le choix politique qui nous semble le plus approprié pour une période donnée. Fiers de notre identité de descendants d'esclaves, nous nous sommes battus durant dix ans pour que la République accepte de reconnaître la mémoire de nos aïeux esclaves. Du bout des lèvres, par une circulaire, le Premier ministre a reconnu le 23 mai comme date commémorative de la souffrance de l'esclavage pour les associations d'outre-mer. Il s'agit d'un premier pas vers une reconnaissance globale de la mémoire des victimes de l'esclavage. Dans le même temps, ce combat contre les conceptions assimilationnistes républicaines nous a plongés dans le combat citoyen. Nous avons alors fait le choix politique de nous définir comme des Français, de tout faire pour nous insérer au sein de la République et pour la transformer. Fiers de notre identité, nous disons à la République que nous sommes prêts à combattre sa conception uniciste de l'identité française, de l'âme de la France. Nous sommes aujourd'hui prêts à nous battre pour une République dont l'identité est multiple.

Les récents événements dans les Antilles ont démontré combien les dirigeants de notre pays sont à mille lieues de comprendre ces sociétés issues de l'esclavage. Ils ne comprennent pas que le noyau identitaire de ces peuples est l'esclavage. Ils n'ont aucune idée des dysfonctionnements sociétaux qui caractérisent ces populations. Ils vivent aujourd'hui dans l'illusion du métissage qui ferait de ces peuples des exemples pour les autres peuples.

Mais ils n'auront dorénavant aucune excuse. Si durant cent cinquante ans aucune théorie n'existait pour venir contrer leur vision du monde antillais après l'esclavage, depuis 1998, ils savent qu'un puissant mouvement identitaire s'est développé en France hexagonale. Continuer à biaiser, à éviter de voir la réalité telle qu'elle est conduira à plonger les pays d'outre-mer dans une crise de plus en plus profonde.

La diaspora antillaise de France

Son rôle dans la crise qui a secoué les DOM-TOM

Par Luc Laventure
Directeur des antennes France Ô, RFO

Plus de quarante jours de grève en Guadeloupe. La Martinique prend le relais quinze jours après le début de la mobilisation du LKP. Soubresauts à la Réunion et en Guyane : une véritable fièvre revendicatrice a gagné les dépendances françaises d'outremer. Le 19 mars, l'Hexagone, en son cœur, tente d'imiter ou d'emprunter le style des Antillais avec une manifestation aux sons des djembés et du tambour ka : la manifestation est rythmée par les musiques traditionnelles des Antilles : la France « bouge » aussi... Mais revenons à ce qui a secoué plus particulièrement les deux départements français d'Amérique : les Antilles.

Ce mouvement aux allures libertaires peut être qualifié de mouvement pacifiste et populaire avec un fort caractère identitaire. En effet, on peut y voir un besoin vital de reconnaissance, une sorte de conscientisation d'un « fait antillais ». Mais de quel « fait antillais » s'agit-il ? Il y a déjà une grande complexité dans la différenciation entre la Guadeloupe et la Martinique. Les modèles de développement identitaires et culturels de ces départements connaissent des particularités très fortes d'une île à l'autre. Les mouvements migratoires divers, les métissages empruntent des voies très distinctes. Héritage de la période coloniale, une « classe » blanche dominante existe dans chacun de ces départements : les békés en Martinique (et en Guadeloupe) ou les créoles blancs (péjorativement appelés *yabs/yabesses*) à la Réunion. La constante de l'opposition Noir/Blanc, elle aussi héritée de l'esclavage, n'est pas exprimée de manière identique d'une île à l'autre : en Martinique, en Guadeloupe, ni même à la Réunion. Des communautés indiennes existent également sur ces îles. Une population plus mélangée à la Réunion (*malbars* [indiens], *zarabs* [musulmans]) avec la présence de populations d'origines africaine *(cafres)* et asiatique, appelée, de manière générique, les Chinois. Mosaïques ethniques et culturelles dessinées en fonction des flux migratoires et des circonstances historiques. Seulement, malgré des spécificités, tous ces départements et territoires français d'outre-mer voient leurs espaces sociaux et leurs classes sociales définis selon des critères de couleur et de race, couplés à des critères économiques.

Ainsi, les Blancs dominent la hiérarchie sociale et les Noirs se retrouvent souvent au bas de l'échelle sociale. L'idée de la « race » résulte en divers comportements : assimilationniste ou intégrationniste chez certains ou pour certains ; ou encore foncièrement antagoniste chez d'autres et pour d'autres. Que dire alors des Antillais de l'autre côté de l'Atlantique ? Ceux qui se considèrent comme des « déracinés » depuis le Bumidom et ceux qui sont nés dans l'Hexagone (deuxième et troisième générations) ?

Ce quatrième schéma identitaire est forgé en « exil ». À la fin des années 1960, après les premiers déplacements de populations antillaises venues travailler dans la capitale française : le Bumidom a permis le transfert et l'installation de milliers d'ultramarins « en France », « en métropole » – comme on disait à cette époque – et la création d'une communauté à part. La communauté antillaise installée *en* France, devenue aujourd'hui la communauté antillaise *de* France. La nuance est grammaticalement infime, mais lourde de sens. Du sens quant à l'appropriation d'un espace social. Du sens quant à son inscription dans le paysage culturel français.

Quel est le positionnement de la diaspora antillaise dans ce conflit socioculturel et structurel, opposant le gouvernement français et des syndicats à forte vocation nationaliste ? Pour le comprendre, déterminons d'abord la réalité de ladite diaspora antillaise.

■ LE TERME « DIASPORA » EST-IL IDOINE, APPROPRIÉ, ADÉQUAT ?

Avant d'examiner plus avant la réalité de la communauté antillaise installée sur le territoire hexagonal, interrogeons la sémantique. Le terme « diaspora » convient-il pour définir la communauté antillaise de France ? « Diaspora[1] » vient des mots grecs *speirein* (disséminer, disperser) et *dia* (au-delà, par-dessus). Il signifie, en d'autres termes, « disperser au-delà des frontières ». Il désignait les Juifs en errance, en exode. Aujourd'hui, ce terme désigne de nombreuses réalités migratoires. Son sens s'en est trouvé dévoyé ; il est actuellement difficile de désigner clairement les caractéristiques premières d'une diaspora. Nombre de sociologues ont développé des définitions de cette réalité. Les définitions foisonnent, s'opposent souvent, mais trouvent, toutefois, des lieux communs. En effet, on peut considérer qu'une diaspora, au sens traditionnel, recouvre trois caractéristiques principales :

---

1. Christine CHIVALLON, « La Notion de diaspora appliquée au monde noir des Amériques : l'historicité du concept », in Diaspora : identité plurielle, *Africultures*, n° 72, 2007. Selon Chivallon ce serait une traduction des termes hébreux *galut* (exil et esclavage) et *golah* (communauté en exil). Il renvoyait traditionnellement à la communauté juive, ce peuple chassé d'Israël, errant à travers le monde à la recherche d'un pays accueillant, et qui fut dispersé sur plusieurs continents, tout en conservant un lien inextricable avec la terre d'origine.

- l'unification autour du pays d'origine, symbolique et la conservation d'un lien (économique et/ou politique) avec celui-ci ;

- la dispersion de la population sur de multiples territoires ;

- la pérennisation d'une culture, originelle.

Christine Chivallon a construit une autre défini-tion, l'acception post-moderne, dont l'archétype est la diaspora des Amériques. Elle en souligne la flui-dité et la souplesse. Elle met en valeur la dynamique du social à travers syncrétisme et créolisation. Elle s'est inspirée de Paul Gilroy et Stuart Hall, qui ont conceptualisé une diaspora dynamique qui évolue en fonction du milieu, mettant en jeu des stratégies d'intégration et donnant une communauté hybride, métisse. Ainsi, le triptyque *« identité-territoire-mémoire*[1] *»* de la définition classique est aboli par la conception hybride post-moderne *« multiple, hybride, mobile, polyphonique, [...] procède d'une alchimie du brassage, qui ne s'enferme dans aucune idéologie exclusive »* et est définissable *« à travers le désir de transcender à la fois les structures de la nation et les contraintes de l'ethnicité et du particu-larisme national*[2] *».*

Ces définitions s'appliquent-elles à la commu-nauté antillaise en Hexagone ? Quel genre de migra-tion ? Bipolaire et très limitée. Les migrations, de

---

1. Christine CHIVALLON, *op. cit.*
2. Paul GILROY, *The Black Atlantic,* Verso, 1993.

longue durée, en provenance des DOM-TOM se font exclusivement vers la France hexagonale. L'ouverture sur l'Europe : quelques-uns s'y aventurent désormais. Hors des frontières françaises. Outre-Manche notamment, voire outre-Atlantique, dans les pays de la francophonie (Canada) ou anglophone (États-Unis). Mais encore de manière infime. Il n'y a pas de réelle multipolarité de cette migration ni de réelle représentativité antillaise hors du territoire français.

Autre point essentiel : il n'y a pas d'extranéité territoriale entre les points d'origine et le pays d'accueil. Selon ces critères, ce ne serait pas une diaspora, puisque, administrativement, les Domiens ne sont pas des étrangers. Ils ne bénéficient pas d'un « accueil » à proprement parler, tels un demandeur d'asile, un réfugié ou un expatrié. Les DOM-TOM sont situés dans la région américaine mais appartiennent au territoire français. La discontinuité territoriale physique est évidente au vu des quelques milliers de kilomètres qui les séparent de la métropole. Ce sont des migrations dites « intérieures » malgré ce détail d'importance. Incontestablement, une atténuation de l'éloignement de ces territoires « périphériques » par rapport à leur centre.

La diaspora antillaise est une communauté plurielle. En fait, tout ultramarin sait les disparités culturelles, si infimes soient-elles, que les habitants des départements d'outre-mer se reconnaissent. Ne serait-ce qu'entre Guadeloupéens et Martiniquais, une attitude différencialiste subsiste depuis des décennies. On se reconnaît une culture différente, un parler différent, un créole distinct (grammaticalement et lexicalement notamment), voire une créolité différente. L'être créole en Guadeloupe serait plus *roots*, moins « policé » qu'en Martinique. Une distinction sociale et culturelle est nettement faite entre les deux îles, malgré leur histoire commune et leurs caractéristiques démographiques très proches. Imaginons alors les divergences entre un Guadeloupéen et un Guyanais ! Ou un Martiniquais et un Réunionnais ! Les différents écosystèmes dans lesquels ils évoluent sont séparés par des nuances, vues comme insignifiantes, infimes, insoupçonnables. Mais il y a tout un monde dans ces petites choses. Ces « peuples », comme d'aucuns s'appellent – on parle de peuple guadeloupéen, de peuple martiniquais – se retrouvent une communauté de traits historico-culturels et, par conséquent, identitaires : la caribéanité, l'antillanité, la négritude, la créolité. Une créolisation de ces créolités. Or toute diaspora renvoie généralement à une culture unique. On parle de diaspora chinoise, et pas de diaspora asiatique. De diasporas jamaïcaine et barbadienne, et pas de diaspora « anglo-caribéenne ».

Enfin, la symbolique de l'île d'appartenance reste prégnante chez les Antillais installés en France hexagonale. La Guadeloupe, la Martinique, la Guyane et la Réunion restent le « pays » de chacun. Les Antillais l'évoquent comme un pays à part entière, avec nostalgie parfois. D'ailleurs, les Antillais ne disent-ils pas : « *Mwen bizwen rantré an péyi an mwen* » (je veux rentrer au pays), « *Péyi an mwen* » (mon pays), « *Kaz an mwen* », « *Kay mwen* » (ma maison). On parle du « pays » avec toute sa dimension citoyenne. Toute sa dimension culturelle. Ce mot est fortement connoté et renvoie à un sentiment d'appartenance par lequel ils s'excluent, volontairement ou inconsciemment, de la grande nation française. Un ultramarin installé en France, mais ayant grandi aux Antilles (ce détail est d'importance), se sent étranger à cette France qui, pourtant, reste sa patrie sur le papier. Pas de drapeaux guadeloupéen, martiniquais, guyanais ou réunionnais à saluer. Il y aurait donc une diaspora antillaise : axée sur l'émotion et le sentiment d'appartenance. L'identité des ultramarins est forgée dans le terreau de terres françaises qui s'accommodent mal de leur francité, tant la distance est grande entre la patrie et ses « filles », anciennes colonies. L'ultramarin en France est un étranger.

Dans son sens post-moderne, la diaspora serait une conséquence de l'esclavage. La diaspora africaine est l'ensemble des populations issues des migrations forcées de la traite négrière. Les populations des DOM procèdent de traite et font partie de ce grand ensemble. Mais à l'échelle de la France, pouvons-nous considérer qu'elles constitueraient une diaspora post-moderne ? Évaluons cela à travers la perspective de Paul Gilroy. La diaspora antillaise en France est-elle hybride ? Certes. Polyphonique ? Elle est effectivement constituée de plusieurs créolités. Hybride ? Plus encore, à travers ces diverses créolités d'autres identités se forgent. C'est cette créolisation des identités antillaises que nous nous ferons fort de mettre en exergue.

Le dernier point à étudier est l'aspect économique et politique de la diaspora. C'est ce qu'on appelle en sciences politiques le « transnationalisme ». En effet, les populations en diaspora sont des « transnationaux ». Malgré le fait qu'ils aient quitté leurs racines, ils continuent de regarder vers leur pays d'origine, de s'intéresser à la vie quotidienne, à la politique et à l'économie du pays. À son évolution. Les juifs installés à l'étranger ou nés à l'étranger continuent de soutenir Israël, d'investir en Israël. Les Africains installés en France – bien que beaucoup n'aiment pas ce terme générique ; ils proviennent d'États différents – envoient également de l'argent au pays. Certains quittent leur village pour faire fortune et aider la famille. C'est également le cas des Haïtiens ou des Chinois – qui mettent en place des chaînes de migration très denses et parfaitement organisées. Un de mes amis, Pierre Biboum II, m'expliquait d'ailleurs comment les Maliens ou les Camerounais envoyaient de l'argent au pays afin de favoriser la construction d'infrastructures, le défrichage de parcelles de forêts afin de planter et de développer l'agriculture ou encore de favoriser l'emploi en créant des (micro-)entreprises, ou encore en construisant des maisons individuelles. Existe-t-il une forme de transnationalisme antillais ? Envois de fonds ? Implication politique ? En fait, c'est un trans-nationalisme « intérieur » qui reste épisodique, conjoncturel et situationnel. Cette idée est déve-loppée plus avant dans la troisième partie de l'argu-mentation. Donc, bien que le terme « diaspora » ne soit pas le plus adéquat, il devra être utilisé dans cette étude, faute d'une terminologie mieux circons-crite.

Environnement socioculturel et développements identitaires

La diaspora antillaise recouvre des réalités très diverses. Donc, des identités très diverses. L'identité et la culture sont changement, évolution. Elles ne se fixent pas. Comment s'est formée cette diaspora en France ? Par vagues successives.

La première vague concerne de jeunes étudiants antillais avides d'assimilation. Dans les années 1910 pour Gaston Monnerville, dans les années 1920 pour Léon-Gontran Damas, et 1930 pour Aimé Césaire, par exemple. Ces derniers étaient soit des enfants de classe moyenne, soit des enfants de nantis ou encore de familles dédiées à la France et à ses valeurs. Ils s'installent en France métropolitaine pour étudier et se rapprocher de cet idéal français. C'est un élan assimilationniste qui pousse les jeunes Antillais à partir. Ils sont patriotes : tels les dissidents pendant la Seconde Guerre mondiale. Ils sont francophiles : ils parlent et écrivent le français dans un langage châtié et hautement soutenu. L'instruction est l'unique porte de sortie vers un avenir meilleur, l'unique moyen de sortir des champs de canne, comme l'écrivait le philosophe guadeloupéen Cyril Serva. L'identification avec la France était alors très forte. D'ailleurs, les grands intellectuels antillais, tels Aimé Césaire (Martinique), arrivé dans les années 1930, ou Léon-Gontran Damas (Guyane), arrivé dans les années 1920, n'étaient-ils pas les meilleurs héritiers du legs linguistique de la nation française ? Ces derniers étaient en concordance, en résonance, avec la nation française : la langue française n'a jamais autant chanté qu'à travers les mots d'Aimé Césaire, le chantre de la négritude. Ces hommes, à travers certains de leurs écrits, mais plus encore au travers de leurs comportements de « nègres civilisés », portaient en eux un idéal d'assimilation – puis d'intégration. C'est d'ailleurs cela qui exhortera Césaire à proposer un projet de loi pour la départementalisation des colonies françaises. Mais plus ils allaient vers cette volonté d'intégration et d'assimilation, plus leur image se trouvait pervertie par le miroir social français, le regard de ce Français duquel ils désiraient se rapprocher. Césaire, Damas et Senghor, de plus en plus – et tellement –, en décalage avec l'histoire de l'Europe, pensèrent, formulèrent et revendiquèrent cette idéologie nègre : la « négritude ». Césaire se trouva également en décalage avec l'histoire du communisme : idéologie à laquelle de nombreux hommes, les damnés de la terre, adhérèrent. Et comme par un tour de magie, ce mouvement de balancier entre une appropriation, assimilation plus grande et une fierté nègre plus profonde, plus fortement ce mouvement de va-et-vient, identificatoire, les ramenait vers leurs racines africaines et leurs réalités épidermiques et histori-ques. En somme, leur différence de couleur les a éloi-gnés peu à peu de leur idéal philosophique.

La seconde grande vague d'implantation arrive en métropole dès la fin des années 1960 avec le Bumidom (Bureau pour le développement des migra-tions des départements d'outre-mer), créé en 1963 par Michel Debré, Premier ministre. De 1963 à 1982, le Bumidom a pour mission officielle de prévenir la surpopulation qui menaçait le marché de l'emploi, d'améliorer la situation économique ainsi que le pouvoir d'achat dans les départements d'outre-mer. Cette société nationale a permis l'installation de milliers d'Antillais et de Réunionnais dans l'Hexa-gone. « Déportation » ? « Génocide par substi-tution » ? Misère culturelle mais aussi économique ? Ou alors opportunités de professionnalisation et d'expansion pour des populations antillaises qui ont pu sortir de leur insularité ? Marc Tardieu écrit à ce propos : *« Officiellement, le Bumidom se propose simplement de les aider, de canaliser un mouvement spontané. [...] Dans les faits, la métropole et notam-*

ment la capitale ont besoin de cette main-d'œuvre peu qualifiée et abondante, main-d'œuvre de nationalité française susceptible, entre autres, d'occuper les postes de catégorie C et D de la fonction publique. Ceux que les métropolitains, précisément, paraissent bouder[1]. »

Cependant, au lieu de sortir de leur insularité, des îlots culturels se sont formés. Une autre insularité : ces « migrants de l'intérieur », logés dans des banlieues peu onéreuses, ont reconstruit une île identitaire. Une insularité socioculturelle. Une communautarisation. Une quasi-fossilisation culturelle. En effet, on constate que cette première génération d'Antillais s'est retranchée derrière des frontières culturelles inébranlables. Dans certaines banlieues parisiennes, les coutumes, les habitudes culinaires, les traditions se sont maintenues, grâce à la pérennisation du lien culturel qui les liait à leur « pays » d'origine.

Pourtant, un délitement de la culture antillaise, créole, se produit avec la seconde génération, descendants des premiers migrants. Mutation culturelle due sans conteste à l'environnement des enfants qui au contact de leurs parents, mais encore des instances sociales, acquièrent un certain nombre de valeurs et de codes sociaux. Affaiblissement culturel, au détriment de la créolité, et en faveur de

---

1. Marc Tardieu, *Les Antillais à Paris – D'hier à aujourd'hui,* Éditions du Rocher, 2005.

la francité. C'est le résultat à la fois de la parentèle et de l'école qui souvent exhortaient sa progéniture à s'assimiler afin de devenir un « vrai » Français. Ces attitudes étaient autant la conséquence du changement d'environnement sociolinguistique que celle d'un héritage de la colonisation : dans les écoles françaises aux Antilles, il était interdit de parler le créole. Les débuts du Bumidom et de la décolonisation seront marqués par une vigoureuse volonté d'intégration, voire d'assimilation, des Antillais en France, mais aussi en outre-mer. Donc, la socialisation de cette seconde génération d'Antillais est tributaire, concomitamment, de la famille avide d'intégration et de l'environnement socioculturel franco-français qui pousse l'individu à se conformer à des normes, des codes, à *une* histoire française, civilisatrice et déculturant l'individu d'origine antillaise. Ces derniers n'apprenaient-ils pas que leurs ancêtres étaient Gaulois, alors qu'ils étaient descendants d'Africains ? Déracinement psychologique, à la fois, dans l'île d'origine et en France hexagonale. Même là, leur sentiment d'appartenance à la nation française était réduit à « peau de chagrin », confrontés qu'ils étaient à l'image que leur « obscur » épiderme renvoyait à l'autre Français, au Français autre, le Blanc.

Troisième génération. Renversement de situation. Réappropriation de la créolité. Revendication identitaire. Revendication de leurs origines antillaises. Ces jeunes nés en France, de parents français d'origine antillaise, se perçoivent alors comme Antillais *en* France et plus comme Antillais *de* France comme leurs parents. Il y a rupture. C'est la théorie Fanonienne. La différence de couleur de l'immigré en France le repousse dans son extranéité originelle. Du moins celle de leurs parents ou de leurs grands-parents, immigrants en France. Ils sont Antillais *de* France, car nés sur le territoire hexagonal. Ils sont inscrits dans un contexte socioculturel *a priori* favorable à une intégration, puisque au plus près du centre. Cependant, ils sont Antillais *en* France, la conjoncture sociale française leur interdisant toute intégration réelle. Désintégration de l'identité française chez la troisième génération. C'est l'attitude que le peuple franco-français – pour faire la part entre les Français d'origine étrangère et les Français que l'on pourrait dire « pure laine » – montre à l'égard de tous ceux qui ne lui ressemblent pas. En France aussi, le social est investi par la pigmentation.

Enfin, un dernier groupe : les ultramarins installés en France, *a priori,* pour une durée déterminée (les études, par exemple). Une différence fondamentale les sépare des ultramarins nés en Hexagone : l'environnement de leur enfance : l'un est investi par la couleur (métissage) ; l'autre feint d'ignorer la couleur tout en lui arrogeant un espace social déterminant et discriminant. Tous – troisième génération pour les premiers, première génération pour les autres – ont intégré leur différence et leur non-francité. Extranéité par rapport à un peuple qui les nie et les rejette dans une différence liée à la couleur. Leurs réactions sont différentes, toutefois.

La crise aux Antilles : une solidarité conjoncturelle dans l'Hexagone

On pourrait penser que ce lien « inextricable » – évoqué plus haut – entre les immigrants et leur pays d'origine n'existe pas dans le cas des Antillais francophones. Et pourtant. Entre les ultramarins de l'Hexagone et les Antilles, il y a un attachement très fort. Implication quotidienne pour certains : informations (que les journaux régionaux permettent aujourd'hui), nouvelles de la famille (facilitées par l'Internet). Les médias de masse tels que la télévision, la radio ou le monde virtuel de l'Internet rapprochent les départements d'outre-mer de ses enfants installés dans l'Hexagone[1]. Des interfaces et des réseaux d'amis virtuels accentuent cela : photos, musiques, vidéos musicales, vidéos amateurs circulent entre les hexagonaux et les îliens… le quotidien de chacun est affiché à travers ces connexions. Journalières. Coutumières. Essentielles. Vitales presque. Certains laissent penser qu'il existe une coupure nette entre ces deux mondes. Car il est vrai que le phénomène de « diaspora », de l'« exilé » se fait également sentir chez les Antillais :

---

1. France Ô, chaîne du groupe France Télévisions, diffuse chaque jour les journaux télévisés des régions ultramarines et propose une édition constituée des faits saillants de l'actualité en outre-mer.

celui qui est parti ne connaîtrait plus son île, n'appartiendrait plus à son univers en propre, puisque installé dans un ailleurs qui le rendrait étranger à ceux qu'il considère comme ses compatriotes. Et pourtant. Une solidarité existe sans conteste. Conjoncturelle certes. Solidarité liée aux circonstances d'urgence qui pressent ou oppressent le « pays ». Par exemple, après le cyclone Hugo en 1989 ou encore après le crash, au Venezuela, d'un avion dont les passagers étaient majoritairement martiniquais, les Antillais de France se sont fortement mobilisés pour venir en aide à leurs familles démunies. Envoi de fonds pour reconstruire les habitations ou relancer l'activité. L'affect, le cœur, l'âme de ces ultramarins de France sont toujours dans leur île d'origine. *« Le cordon ombilical n'est pas coupé »*, confie Rosan Royan, secrétaire général du Gedfom (Groupement d'entreprises des Français d'outre-mer), au cours d'un entretien. D'ailleurs, cette association créée en 2008 – bien que jeune – montre qu'un souci de s'organiser autour d'une identité antillaise se fait sentir chez les ultramarins de France. Si la participation économique se faisait auparavant rare et ponctuelle, liée aux circonstances de catastrophe ou de crise, aujourd'hui elle se veut plus durable, avec la construction de ponts économiques entre les Antilles et ses nationaux installés en France. M. Royan n'a-t-il pas investi en Guadeloupe en y créant une entreprise ? Sa démarche était citoyenne avant tout : favoriser la population locale.

Il ne semble pas prématuré de dire que cette association s'inscrit dans la continuité de la mobilisation des Antillais : d'abord reconnaissance de l'histoire (esclavage, crime contre l'humanité), puis visibilité identitaire et culturelle. Le Gedfom œuvre à soutenir les initiatives des ultramarins à travers des partenariats, des soutiens logistiques et autres expertises. Les ultramarins s'organisent. Ils ont répondu présents encore pour aider les Antilles dans la crise sociale et politique qui les a secouées.

Récemment, un mouvement de solidarité s'est forgé entre les Antillais « au pays » (selon l'expression consacrée) et les ultramarins de la France hexagonale. Ce qui a permis de réunir ces Hommes autour d'une seule cause : l'attitude délétère que la République française a eue à l'égard de ses départements. Le CLKP (Continuité Liyannaj Kont Pwofitasyon) est créé, relais du LKP en Hexagone. À première vue, on voit une transversalité dans le mouvement. Ce sont les mêmes revendications : des revendications nationalistes ? indépendantistes ? Mais, finalement, quel fut le rôle de cette diaspora antillaise dans le cadre de ce conflit aux Antilles ?

Le mouvement mené par le collectif LKP en Guadeloupe visait initialement à répondre aux problèmes d'ordre conjoncturel que connaissent les départements d'outre-mer : cherté de la vie, hausse salariale principalement. À ces griefs d'ordre socioéconomique s'ajoutent des revendications politiques, identitaires, voire nationalistes. Lors des démonstrations dans les rues, on entend des slogans fortement connotés : « *La Gwadloup sé tan nou, La Gwadloup sé pa ta yo, yo pé ké fè sa yo vlé èvè péyi an nou* » (La Guadeloupe nous appartient, la Guadeloupe n'est pas à eux. Ils ne feront pas ce qu'ils veulent de notre pays). Sont-ce réellement des volontés d'indépendantisme qui s'expriment ? Élie Domota, porte-parole du collectif, certifiait que le mouvement ne visait pas à requérir un changement aussi radical du statut de l'île. Toutefois, des velléités semblent percer au sein du mouvement. La Martinique, dont le syndicalisme paraît beaucoup moins virulent que celui de la Guadeloupe, se mobilise également pour ajouter ses propres revendications salariales avec le Collectif du 5-Février. Et suit l'île de la Réunion. La particularité en Guadeloupe est ce projet sociétal que le collectif LKP soumet aux représentants de l'État, c'est aussi cette véhémence outrancière qui teinte parfois les propos des syndicalistes, ce sont également les affrontements verbaux entre les diverses parties en scène dans le conflit. Renforcement du mouvement par l'instrumentalisation d'un reportage documentaire de la chaîne Canal+ sur « Les derniers maîtres de la Martinique » : inégalités sociales criantes existant dans les DOM-TOM, plus précisément en Guadeloupe et en Martinique. À leurs revendications salariales viennent s'amalgamer des requêtes à l'encontre du « système féodal » en place, héritage direct du colonialisme. La mainmise des békés sur l'économie des îles révèle l'injustice structurelle qui y prédomine. Les discours à connotation raciale se font plus ouvertement et les affrontements sont plus durs.

Certains ont reproché à l'État son manque de réactivité lors des premiers mouvements contestataires contre les prix de l'essence en Guyane. Certains affirment que le mouvement a rebondi aux Antilles et s'est radicalisé parce que l'on avait l'impression que l'État faisait la sourde oreille.

Ce sentiment a eu des échos non seulement avec la mobilisation aux Antilles, et particulièrement en Guadeloupe, mais aussi en Ile-de-France, plus particulièrement à Paris. Il y a eu des manifestations : 8 février, 21 février, 28 février... Deuxième frustration de la diaspora antillaise : le peu d'écho de ce mouvement dans les médias internationaux, hormis, bien sûr, France Ô. Les ultramarins accusaient même les médias de rendre cette grève imperceptible, inaudible, indifférente en somme, à la nation française. Il a fallu attendre la troisième semaine de grève pour voir le représentant de l'État à l'Outre-mer se déplacer en Guadeloupe. Nombreux sont ceux qui accusaient l'État de laisser les choses « pourrir ». Du coup, les enchères sont montées. La grogne a augmenté. La mobilisation s'est durcie à mesure que les jours passaient. Les ultramarins de l'Hexagone décidaient pour une grande part, de prendre parti : de se mobiliser. Pour reprendre l'expression de Jean-Claude Cadenet, *« les ultramarins de la métropole avaient un désir ardent de savoir, mais aussi de contribuer[1] »*.

En dépit d'une hétérogénéité très forte au sein de la diaspora antillaise, différentes associations se sont organisées en collectif, donnant une suite favorable au mouvement dans les îles. La mobilisation s'organisait dans l'Hexagone avec ce que l'on peut appeler « une propagande bien ficelée » : discours nationalistes et dénonciateurs. L'Internet a joué un rôle important dans cette mobilisation moderne, avec la création de sites, de forums de discussion sur l'identité guadeloupéenne, l'investissement de réseaux sociaux, tels que Facebook ou MSN, etc. Le LKP voyait fleurir de nombreux relais dans l'Hexagone, notamment chez les jeunes.

Le 10 février 2009, un CLKP voyait le jour dans l'Hexagone, à Paris, suite à l'envoi d'un émissaire du LKP, Jocelyn Lapitre. Les membres constitutifs de ce collectif appellent les hexagonaux à se mobiliser : *« Nous, Continuité Liyannaj Kont Pwofitasyon, constitués dans l'Hexagone pour soutenir les mouvements initiés en Guadeloupe contre la vie chère et pour la suppression des inégalités entre l'Hexagone et les pays d'outre-mer, puis déclenchés en Martinique par le collectif du 5 février 2009, appelons tous les citoyens, artistes, associations, syndicats et partis politiques conscients et épris de justice à se mobiliser pour faire aboutir les négociations. »*

---

1. Entretien personnel, mars 2009.

Ils explicitent la nature de leur mobilisation : « [...] *La mission que nous nous sommes confiée est de soutenir les justes revendications de nos compatriotes. C'est pour cela que nous avons pris le nom de Continuité Lyannaj Kont Pwofitasyon. Comme le LKP, notre collectif est apolitique et citoyen et son appel s'adresse à l'ensemble de la population hexagonale. [...] Nous voulons que la France une et indivisible dans sa Constitution le soit au quotidien*[1]. »

Ainsi, le CLKP voudrait que la France respecte ses engagements vis-à-vis de ses citoyens ultramarins. Pour cela, plusieurs manifestations ont eu lieu dans la capitale française, notamment :

- samedi 31 janvier 2009 : manifestation de soutien aux Guadeloupéens en grève générale depuis plus de treize jours, marche citoyenne de la place de la République à la place de la Nation. Cette marche aurait rassemblé plus de 1 200 personnes dans les rues de Paris ;

- samedis 21 et 28 février 2009 : marches de soutien à la mobilisation aux Antilles. Les membres du CLKP déclarent manifester dans le but unique de voir les négociations aboutir dans un climat de paix.

Malgré les discours revendicatifs du LKP en Guadeloupe, les ultramarins se disent français et se positionnent sur une politique intégrationniste. Ils

---

1. http://continuitelkp.new.fr/ (consulté le 1er mars 2009).

ont fait le choix de vivre en France hexagonale et entendent bien s'incorporer durablement au tissu social. Ultramarins au pays et en Hexagone ont tous un désir d'égalité ; bien que, selon Jean-Claude Cadenet, les premiers axent leurs revendications sur une reconnaissance, une demande de dignité, alors que les seconds sont beaucoup en demande de promotion sociale et d'une citoyenneté accomplie.

Cette solidarité serait-elle seulement conjoncturelle ? circonstancielle ? Il y aurait, selon moi, deux logiques claires dans cette mobilisation transatlantique : une logique identitaire et à vocation nationaliste – opposition Guadeloupéens-Martiniquais *vs* Français – et l'autre mémorielle et à vocation intégrationniste – devoir de reconnaissance de l'esclavage et des descendants d'esclaves. La solidarité existant entre les divers départements et territoires d'outre-mer et leur diaspora montre qu'un réseau sociopolitique et culturel s'est forgé en quelques semaines, que la détermination à se faire entendre est grande chez les populations antillaises, îliennes et hexagonales, que l'imposition d'une francité monochromatique ne doit plus perdurer.

Les ultramarins installés pour leurs études en France arrivent avec la conscience précise de leur différence culturelle (créole et français assumés et revendiqués pour certains, épiderme différent et métissage plus accepté, ils se mélangeaient déjà beaucoup plus au lycée entre Indiens, Noirs et Blancs) ; ils ne cherchent pas à s'assimiler et créent au contraire leurs propres réseaux (le carnaval de Bordeaux en est la preuve – ils y organisent même des soirées Guyane, ou Martinique ou Guadeloupe, ou martinico-guadeloupéenne, mais jamais antillaise), et s'ils ont souvent désapprouvé la violence verbale en Guadeloupe et les discours anti-békés trop « colorés », ils sont apparus parfois plus engagés que les jeunes de Guadeloupe vers une exigence de respect, de solidarité et de justice sociale. Ils se sont sentis solidaires, parce qu'ils ont mal vécu le rappel à leur épiderme en arrivant en France alors qu'ils s'assumaient différents mais pas inférieurs. La peur qu'ils font naître chez certains les étonnent, et ils se tournent encore plus vers un autre qui leur ressemble et qu'ils veulent imiter : le Noir américain, qui, par les vêtements, le parler, la musique, les rassure et leur rend la fierté d'être Noir. Ils ont suivi le LKP pour ces raisons. Cet élan de solidarité débouchera-t-il sur une légitimation de la diaspora antillaise en tant que relais pérenne des préoccupations des îliens sur le territoire hexagonal ? Oui, cela sera pérenne, car leur besoin de respect et d'identification devient chaque année plus fort. Leur francité mise à mal cherche d'autres « autres », et, Français assumés, ils se tournent vers l'Amérique et pas encore l'Afrique. L'avenir ? Vont-ils s'imposer et imposer leur différence – car ils sont nombreux contre l'indépendance – ou s'identifier à une nouvelle diaspora « noire, antillaise », à l'aise en France, tournée vers l'Amérique et les autres minorités ? Mais totalement à part, comme les Asiatiques dans le XIIIe arrondissement de Paris, dépassant ainsi le clivage qui les divisait ? Il est certain, toutefois, que les Antillais *de* France ou *en* France ont joué un rôle prépondérant en termes de visibilité du mouvement. Et c'était là, la raison d'être de cette continuité des idées au-delà d'une discontinuité territoriale. Quant à l'avenir de cette diaspora antillaise : d'aucuns pensent qu'elle ne continuera à s'exprimer qu'épisodiquement. D'autres y voient le dessein d'une réalité antillaise qui dépasserait ses frontières naturelles : les DOM, l'Hexagone et, pourquoi pas, la Caraïbe et l'Amérique, à travers des fraternisations et des identifications élargissant les frontières culturelles.

Index des noms propres

9 782212 543780